悲傷復原力

Resilient Grieving

How to Find Your Way Through a Devastating Loss

Lucy Hone PhD
露西・霍恩博士——著
吳煒聲——譯

前言

我們身後和身前之事與我們的內心相比，根本是旁枝末節，微不足道。

——美國文學家拉爾夫．沃爾多．愛默生（Ralph Waldo Emerson）

露西是我在賓州大學（University of Pennsylvania）應用正向心理學的碩士班學生。我們對於理解復原力（resilience）＊的本質有著濃厚的興趣，都認為復原力是由能力、過程／歷程、優勢／強度、核心信念所組成，這些共同使人在經歷失敗、逆境，甚至創傷經驗之後得以適應、恢復和成長。我們明白，復原力其實並非用來讓我們免受痛苦的盔甲，復原力使我們能夠感受痛苦（以及憤怒、焦慮、罪惡感）並且克服這些情緒，這樣我們才能繼續感受快樂、敬畏和愛。從根本上來說，所謂復原力，就是梳理我們內在的東西，讓我們熬過、甚至改變所面對的一切。

我得知露西女兒艾比的死訊時深感悲傷和恐懼，方知人生變化竟如此迅速，而且一經改變，便不可逆轉。我不知道失去孩子有多麼痛苦，但我跟許多人一樣，曾經因為親友離世而痛徹心扉。露西在這整本書中不斷反思自己的經歷並分享對復原力和哀悼／憂傷的研究來探索悲傷的過程。此外，露西介紹了誰都能採取的策略，讓人得以熬過憂傷的過程。

我根據自己對復原力過程的理解以及跟那些喪親者的對話，開始體認到人在度過悲傷之路時某些非常關鍵的原則。我們會找到自己的路。沒有所謂「正確」的悲傷方式，這就如同沒有正確的戀愛方式。人努力熬過喪親之痛時，都能從中發現什麼會有所幫助，什麼則是會傷害人。

在這個發現的過程中，我們可能（也許經常）會感到迷茫，但我們也知道沒有單一的道路，每個人都要步上不同的道路，自由地以任何感覺真實且有助益的方式去熬過喪親之痛

＊譯註：「復原力」又稱「心理韌性」。英文 resilience 源自拉丁字 resilire，意思為回彈，泛指人有彈性或韌性，具備受到外力壓迫時能夠迅速恢復的特質或能力，也就是面對危機或壓力時能夠發展出健康的因應策略。

親之痛。

目前有一些可提供幫助的策略。我們經歷悲傷時，不必處於被動，我們可以做更多有益的事，少做適得其反的事，如此便能改變經歷悲傷的方式。我不是說要採取「我能做到」的精神去哀悼，這樣才算健康。與我一起接受治療的人都在談論他們「屈服於」自身感受的時刻，無論那段時刻有多長，有的是幾天或幾小時，也許只是轉瞬即逝的片刻。這些耽溺於悲傷的時刻，與我們掌控主導的時刻同樣重要。

許多幫助我們克服逆境的策略也能用來協助我們度過悲傷時刻。我們可以學習如何控制自己的思想、情緒、行為，甚至生理機能來學習復原力。我們可以養成感恩、滿足和快樂的習慣，卻不會減少我們對所愛之人的極度思念。我們可以學習如何避免產生新的恐懼和焦慮，以及不要胡思亂想，總是心想「如果當初怎樣，結果就會如何」，這樣就無法活得自在和享受生活。我們可以學會控制憤怒和罪惡感，這樣便不會因此和親友隔絕或疏遠。我們可以採取有意圖的行動，即使行動偶爾微不足道，卻能讓我們感到自己更能掌控生活，避免無助感四處叢生。

我曾與不少人談過如何面對喪親之痛，幾乎所有人都會說，親友曾經在旁陪伴他們。有些人是立即向所愛的人求助；有人則是起初會退回到更小且更緊密的親友圈來尋求慰藉，認為這樣更好。然而，幾乎每個人都深刻且持久體認到，原來自己和別人息息相關，故能從中獲取支持的力量。

啟動復原力的核心是人際關係，當我們失去某人時，我們的人際關係會受到打擊，我們會重新評估自己的人際關係，並且會發現有哪些人可以在我們無助時提供陪伴，而哪些人無法提供所需要的慰藉和支持。也許是因為我們的應對方式不盡相同，也許是因為我們對誰都感到生氣，也許是因為當我們失去某人時，愛會變得更難，理由林林總總，或許還有更多。我們一旦失去親友，維持人際關係就很重要，但這也很困難。復原力策略可以幫助我們維繫牢固的人際關係，讓我們得以和別人繼續彼此信任。

在此下個結論：我們無法改變過去，我們所能做的就是勇敢面對現在，為打造想要的未來而努力。露西寫了一本很感人的書，能夠幫助我們做到這一點。

凱倫．瑞維琪博士（Karen Reivich, PhD）／
賓州大學正向心理學中心（Positive Psychology Center）培訓部主任

目錄
contents

重新評估和更新

第一章

我們所知道的世界末日

我們第一次聽到那起事故時，人正在紐西蘭南島的奧豪湖（Lake Ohau）。我應該說，我們聽說了一場意外，當時知道的就只有這些。我們很天真，誤以為事情就是這樣，我們女兒和她的朋友才遲遲未到（有可能假日交通堵塞或道路封閉、也許她們改道繞遠路走）。然而，一名警察打電話來，說他要趕來見我們，我們一聽，前面的假想立即被破除。

等警察說完話以後，我們的世界就停止了。從那時起，我的記憶就變得模糊不清。我清楚記得的是，從警察確認我們女兒艾比、我們的朋友艾拉．薩默菲爾德（Ella Summerfield）和她的母親莎莉．隆布爾（Sally Rumble）死亡的那一刻起，我就料想到以後的事：這場悲劇將籠罩我們的餘生。我們會永遠懷念和哀悼她們，尤其會懷念我們的小女兒。我心想，事情就這樣開始了。路已經分岔，未來將面對全新的生活。

我當下就知道我要為生存而奮鬥：為了保持理智、為了維繫婚姻，以及為了女兒過世後家裡僅剩的東西而努力。

少了我們心愛的艾比，我和丈夫特雷弗（Trevor）以及十五歲的兒子艾德（Ed）和十四歲的培迪（Paddy）組成的家庭就會永遠變調。以前的那個家庭和我們的朋友艾拉一家人經常一起過週末和外出旅行。兩年以前，我們曾在奧塔哥鐵路步道騎自行車，大夥玩得很開心，我們還曾經一起在亞伯塔斯曼國家公園慶祝除夕。我們兩家在孩子們上小學時便認識，然後便密切來往，艾拉和艾比是最好的朋友，我（以及我們海邊小社區的其他人）都很喜歡莎莉。艾拉、艾比和莎莉本來要去奧豪湖與我們碰面，大家準備騎自行車和散步來度過週末，結果她們在鄉村小路上碰到一名開快車的司機，那個傢伙看到停車標誌卻沒有停車，當場撞死了她們三人。莎莉的丈夫謝恩（Shane）當時在開車，只有他倖免於難。喪親之痛真是難以想像，我們一想到以後的日子沒有莎莉、艾拉和艾比，就覺得人生很荒謬。

我寫本書的目的是為幫助喪親的人，讓他們熬過悲傷的日子，希望我在人生最黑暗的日子裡，用來支持自己的策略可以幫助這些人逐漸化解喪親之痛，同時沉澱心情，重拾「正常的」機能，在他們因為喪親而永久變調的世界中找回正常的生活。

我從沒想過自己會踏上這條人生道路。我會毫不猶豫地說這條路很糟糕，理由林林總總，好比我時常感到不安，內心深受打擊，經常忍受椎心之痛。話雖如此，我卻經常回想起十五年前我在母親葬禮上讀到的那首詩：

要常笑多愛；
要讓聰明的人尊重，要受到孩子們的喜愛；
要贏得誠實評論家的讚賞，要忍受虛假朋友的背叛；
要欣賞美，發現別人最好的一面；
要讓世界更美好，無論是讓孩子健康成長、照顧一片花園或改善社會狀況；
要知道因為你活著，某個生命便能呼吸得更輕鬆。這就是成功。[1]

如果我的話語能夠幫助喪親的人呼吸得更輕鬆，那麼艾比、艾拉和莎莉不幸離世的這件事情，就不那麼毫無意義和讓人悲傷了。

＊＊＊＊＊

本書的基礎是復原力心理學（resilience psychology）。我曾在美國賓州大學攻讀碩士學位，而當我的家鄉基督城（Christchurch）在二〇一〇年至二〇一二年期間遭受多次大地震和數千次餘震之際，我便運用碩士班的訓練，為自己的實踐提供科學和理論基礎。坎特柏立（Canterbury）發生多次地震，讓人驚恐，日子無以為繼，一次又一次的巨烈震動在毫無預警的情況下襲擊我們，摧毀了我們的家園、奪走了寶貴生命，以及讓我們惶恐不安。在十五個月的期間，我們的世界發生了五次天翻地覆的變化，地震造成了一百八十五人死亡（成為紐西蘭第二大致命的自然災害），摧毀了基督城市中心七〇%的建築物，並且遺留十萬棟需要重建的房舍。餘震頻傳（其中五十次超過芮氏震級五・〇），讓人心神不寧，驚慌失措。不分日夜，地震冷不防就會來一下，讓我們在兩年的時間裡經常精神緊繃，不知道什麼時候地震才會趨緩。

坎特柏立的地震讓我首次真正體驗到恐懼和焦慮，也讓我第一次體驗到高度的心理激起／喚起（psychological arousal），而這就是表示我受到創傷後壓力，以及我必須經歷創傷後恢復所需的過程。我曾在災後進行各項工作，替各個政府部門（教育部、保育部、紐西蘭陸地搜救部）、公司（弗萊徹地震恢復〔Fletcher Earthquake Recovery〕）、社區團體和非營利組織（心臟基金會和心理健康教育資源中心）提供諮詢，因此有機會建立最有效的方法來轉化復原力科學的研究結果，從中幫助在現實生活中受到創傷的老百姓，學術界將它稱為「將證據轉化為實踐」。簡而言之，我是教導當地居民和企業即時復原的策略，讓他們能在這個被地震肆虐的城市下保持身心健康。將科學研究成果從學術界的象牙塔中拿出來，然後把它轉化為易於理解和易於採用的策略是我最感興趣的事情。這就是我最初要進入學術界的原因。

我憑藉對復原力研究的學術知識和創傷後恢復的經驗，應該比一般人更能承受艾比的死亡。例如，我知道人們面對逆境時的反應方式差異很大，有些人會設法比別人更快調適過來；我也知道多數人遇到創傷後都能恢復，並且無需專業人士幫助也能恢復創傷前的身體和情感機能；我還知道某些「保護因素」已被證明可以鼓勵人積極面對創傷，並且兒童承受巨大壓力後的養育方式也會深切影響他們的機能。我還知道，雖然復原力研究會牽涉新穎的科學方法和統計分析，但各項研究一再證明，復原力的成分其實只是這項領域的主要研究者安・馬斯頓（Ann Masten）經常所說的，它們只是「普通魔法」（ordinary magic）[2]。安・馬斯頓說道：「復原力研究之所以讓人驚喜，乃是這些現象非常平凡。復原力似乎很普遍，通常由人類的基本適應系統運作後所產生。」

當艾比去世時，我不太確定的是，復原力研究的結果是否適用於喪親之痛。馬斯頓和我的研究所老師談到的普通過程能夠幫助我適應新常態嗎？我運用在震後環境中確實有效的證據和技術，能夠幫助我走出傷痛嗎？

因此，我便親自去進行調查。我作為研究人員和作家，寫日記去追蹤我的喪親經歷似乎很合乎邏輯，所以我決定研究一下我在企業復原力研討會中使用的哪些策略可以有效對抗悲傷帶來的壓力。著名的精神病學家維克多．弗蘭克醫生（Dr Viktor Frank）曾被關押在納粹德國的戰俘營，套句他的話，那些經歷表示「我在進行的一項有趣的心理科學研究，而我和我的煩惱都成了研究的對象。」[3]

我寫這本書時，首先要坦誠面對喪親之痛的各種正常反應，包括：困惑、憤怒、麻木、沮喪、恐懼、焦慮、寬慰、緊張、悲傷和無助，但反應其實不少，這裡只舉幾個例子說明。在艾比死後的最初幾天和幾週之內，這類情緒混雜在一起，我很難確定自己的感受。我想主要的感覺是震驚和麻木。當然，我也常不知所措和感到無助。然而，同樣重要的是，我們必須要知道，有些人很快就會渴望要運用工具來幫助自己化解悲傷。渴望採取行動並沒有錯，這也就是所謂的主動參與悲傷的過程。

由此看來，**本書不是討論人在喪親之痛時可能經歷的事情，而是探討你可以做些什麼讓自己熬過悲傷過程，最後重拾身心健康**。痛苦和空虛是難免的，絕對無法逃避，但你可以做點事，讓自己度過悲傷的日子。本書介紹的工具可幫助各位在遭受毀滅性打擊時汲取力量，讓大家或多或少重新掌控自己的命運和恢復機能，而這就是復原過程的核心部分。本書旨在做到下面這一點：讓你在無助時獲得一些掌控感，同時能夠採取某些行動。

後續的章節會提供一系列有益健康的應對策略，而這些策略取自復原力研究和正向心理學。希望它們能幫助各位化解喪親之痛，然後重拾「正常的」機能並過上積極充實的生活。現在的生活一定會有所改變，你會失去某些東西，面臨嶄新的世界，要接納新的個人身分，因此生活總是會有所不同。即便如此，你還是能夠再度恢復正常的機能，享受充實的人生，你也可能完全擁抱充滿愛和歡笑的生活，以及對曾經陪伴你的親人懷抱滿滿的甜蜜回憶。本書要幫助各位重新認識你們的世界，它提供各種建議工具組成的拼圖遊戲，要幫助大家熬過悲傷的日子，不會要求你去隱藏自己的感受，甚至否認失去親人的事實，或者假裝離世的親人根本不重要。

本書不是討論你可能經歷什麼，而是要說明你可以做什麼，讓你熬過悲傷的過程，重拾健康的生活。

研究喪親之痛的專家、諮詢師和治療師普遍認為，要化解悲傷，沒有一體適用的方法，每個人悲傷的方式都不同。我記得葬禮承辦人給我們讀過一篇講述喪親的文章，作者寫道：「悲傷就像指紋一樣獨特，人人各有不同。」紐西蘭慈善機構「天光」（Skylight）也寄給我們討論悲傷的資訊，上頭寫道：「體驗悲傷的方式沒有『正確』或『錯誤』之分。沒有什麼祕方可以立即化解你的悲傷。沒有規則，也沒有時間表。悲傷不是考試、賽跑或競賽。說來可能難以置信，但悲傷確實會慢慢變得更容易處理。」[4]

這些建議聽起來很合理，但我發現這些探討悲傷的文章中有一股暗流，對我其實幫助不大，那是一種消極的感覺，和我自己的學術研究有所矛盾。在強調悲傷的個體差異時，針對喪親之痛的研究和多數文獻更著重於悲傷的體驗（我指的是人通常會遇到的各種身體和情緒反應），反而比較少去關注幫助人復原的策略。因此，我有一種感覺，彷彿「什麼都行，什麼都好，只要慢慢來就可以」。

這種方法確實對某些人有效，但我們這些覺得自己沒有時間的人該怎麼辦呢？如果你跟我一樣，眼下就有人需要你恢復機能去工作，不能讓你等到下個月或明年，這時該怎麼辦？然後呢？如果你熱愛工作，可以從中獲得極大的自我認同感，此時該怎麼辦？你要如何讓自己振作？假使你失去了配偶但仍要照顧孩子，你該怎麼辦呢？或者你失去了一位朋友，但其他朋友也同樣需要你，你又該如何呢？

這就是我的情況，我得盡我所能去控制一切，盡快重新振作起來。以這種積極主動的態度去面對悲傷，並不表示你要逃避悲傷（我絕對不會建議人去逃避悲傷），或者要你別那麼愛死去的親人，只是要你去專注於眼前的生活和你剩下的東西。我很快就明白，失去了艾比便失去了太多，我不想要失去更多。對我來說，現在最重要的事情只有一件，就是陪伴家人，讓大家團結在一起。

美國精神科醫生伊莉莎白・庫伯勒—羅絲（Elisabeth KüblerRoss）的五個悲傷階

段，是我在艾比去世時唯一知道的喪親之痛模型（bereavement model）。[5] 根據她對絕症患者的研究（並設計來描述他們針對死亡的常見反應模型），上面的模型受到公認，而且多數人都能說出其中的幾個階段。

我發現了解否認（denial）、憤怒（anger）、討價還價（bargaining）、沮喪（depression）和接受（acceptance）是人對悲傷的常見反應，以及「多數人會在某個時候經歷這五個階段」，這樣的確很有幫助。然而，我也發現庫伯勒—羅絲的模型不足以滿足我的需求。我想要積極介入自己的悲傷過程，將有限的注意力和精力集中在我可以做的事情，以便我在脆弱時還能維繫幸福。我知道有統計數據在這種時刻，我很可能離婚、跟家人疏遠和罹患精神病，於是決定積極運用我受創的大腦可以想起的所有心理策略，幫助我們一家度過最初幾天和幾週動盪不安的時刻，更不用說還得面對後續數個月難熬的日子。

「要擁抱生命，不要追憶死亡」。別礙於你所失去的而喪失你所擁有的。

我父母過世以後，我花了五年才復原，一想到這種事，就讓我感到恐懼。如果說我從艾比的死學會了什麼，就是我發現人生無常，生命寶貴。兩個兒子都才十幾歲，還需要我照顧，我不能蹉跎五年。我還讀過某些研究，這些研究指出多數兒童能夠展現復原力（即使遭受最嚴重的創傷和面對長期逆境，也能適應環境並恢復全部的機能），但對這些孩子來說，最大的威脅是失去家庭的安全感以及家庭關係破裂。我清楚記得當時我站在烤箱旁邊，內心突然響起一個尖厲的聲音，敦促我「要擁抱生命，不要追憶死亡」。別礙於你所失去的而喪失你所擁有的。

因此，我展開了自己的復原之旅，刻意採用已知的促進健康和復原力的策略，想知道是否能讓我更快恢復正常的機能。我放下昔日對生活的所有夢想和希望，將目光投向「以機能為主」的新目標。我思考在研究所學到的知識以及地震諮詢中累積的實踐經驗，看看哪些對我可能有所用處。當我面對如此殘酷的現實時，我能不能有所控制、能不能積極化解悲傷，或者我真的是無能為力？

我在艾比、艾拉和莎莉去世後的幾個月裡踏上這段復原之旅，從中發現目前主流的心理工具對於化解悲傷幾乎幫助不大。似乎沒人將幸福感和復原力科學領域的諸多研究和正向心理技術應用於這種情況。從事這門科學研究的先驅為數不多，本書提到的喬治・博南諾（George Bonanno）就是其中之一。然而，他的研究成果目前尚未對主流民眾產生重大的影響。你只要去問任何人他們對悲傷和喪親之痛了解多少，他們只會告訴你五階段模型，絕對不會提到博南諾針對眾多復原力悲傷者所進行的研究。

由於害怕被人指責對喪親者施加額外的壓力，主流的悲痛建議通常都會抱持「著眼於體驗」和「一切皆可」的立場。因此，多數哀悼的人不知道可以做一些事來讓自己在喪親以後能夠保持身心健康。幸福科學（wellbeing science）證明我們的思考和行為方式會深切影響我們的幸福感，而且復原力研究也指出多數人如何自然而然從各種創傷（包括喪親之痛）中復原。因此，我突發奇想：為何不利用我的創傷經驗來測試自己研究領域的效力呢？

我要坦率地承認，許多哀悼者根本不想採用自助的方式去化解喪親之痛，不過根據我的經驗，也有不少人是想要這樣做。本書就是要為這些人提供各種實證工具，讓他們去嘗試和試驗，以便逐漸重拾美滿安康和有意義的生活。

我們的思考和行為方式，會深切影響我們的幸福感。

特雷弗和我從一開始就一致認為，如果我們要盡快恢復正常的生活，就並不一定要去否認。假使我們這樣做（回去上班，出外社交，繼續過我們的生活），那麼我們就得向自己保證，一旦我們感覺很糟糕時，就要去承認，不要隱瞞。我們仍然這樣做，我們想哭就哭，當我們不想停留在某個地方，就會起身離開，無需提問，也無需解釋。我們不想起床時，就會賴床。

全心投入復原過程，並不表示要逃避悲傷、痛苦、苦難和傷痛。你要順著眼下的體驗，當情緒湧上心頭時，要敞開心扉，釋放自己。一旦你早上想要起床並出門，你就要知道，若想贏得這場生存戰鬥，就必須振作起來，掌控自己的生活。

艾比去世了，我們無能為力，但我認為自己確實可以選擇如何悲傷。我們刻意去控制自己的想法和行為，終於順利熬過前半年的恐怖時日，並且隨著時間的推移，幾個月過去了，逐漸經過了好幾年，這種作法仍然繼續發揮作用。讓我再次借用維克多．弗蘭克醫生的話：「你可以從一個人的身上奪走一切，但只有一件事奪不走：就是人最後的自由，亦即在特定情況下選擇自己的態度，選擇自己的應對方式。」[6]我的應對方式可能和你的不同，但列出了其他人用來在逆境中培養個人韌性的策略（思想和行為方式）。

時光的流逝無疑在我們化解悲傷的過程中扮演自身的角色，因此本書分為兩部分。第二章到第十一章探討**復原**，包含我發現在我女兒和她的好友死亡後能立即派上用場的策略。其餘章節著眼於**重新評估和更新**，這是我們喪親後開始重新評估要做的事情，我們也會考慮各種方式來記念所愛的人，並且在沒有他們陪伴的情況下邁向未來。悲傷不是依照線性來進展（你不是從A開始，然後一直走到Z），更像是讓人筋疲力盡、沮喪不已和殘忍萬分的蛇梯棋（來來回回，上上下下）。你悲痛時不太可能跟我經歷同樣的過程，所以你要沉浸其中和跳脫出去，來回閱讀，慢慢掌握步調，找出哪些悲傷拼圖最適合你。第十七章會說明我的復原力悲傷模型，這個模型匯集了協助我完成這種可怕拼圖遊戲的圖塊。你可以跳過前面的章節，立即去看我的模型，但你要是先通讀本書，可能會更加了解它。

她走了

艾比去世兩天以後，她的學校舉行了一場告別儀式，讓學生和我們家人聚在教堂一起哀悼。整個過程讓人心碎，卻又那麼美好。我們一家坐在前排，悲傷看著艾比生前在學校拍攝的照片，看著女孩們為她點蠟燭祈福。校長朱莉．摩爾（Julie Moor）朗讀了大衛．哈金斯（David Harkins）的詩〈她走了〉（She is Gone）[7]，將第二行「or」（或者）改為「and」（和），以便反映哭泣和微笑同樣重要和恰當。

你可以因她走了而流淚，
或者你可以因她活過而歡笑。
你可以閉上雙眼，祈禱她會回來，

或者你可以張開雙眼，看看她留下了什麼。
你可以因為看不到她而心靈空虛，
或者你可讓心中充滿曾經共享的愛。
你可以背對明天，活在昨日，
或者你可以樂見明天，因為昨日已逝。
你可以只記得她，只想著她的離去，
或者你可以珍惜對她的回憶，讓回憶繼續存在。
你可以封閉心靈，感到空虛，轉過身去，
或者你可以做她所希望的：展開笑顏，張開雙眼，愛戀人世，好好活下去。

——大衛・哈金斯，〈記得我〉（Remember Me），一九八二年

進行你自己的復原實驗

我撰寫本書時一直提醒自己，每個人的悲傷經歷是不同的，就像每個人死去的方式都不一樣。每一次的喪親之痛都會受到各種因素的影響，包括我們的性格、年齡、性別、應對方式、信仰、過去如何悲傷、生活經歷，以及與我們和已故親人的關係以及他們是如何離世的。正因為如此，我們無法提供標準的方法。我完全承認，沒有放諸四海皆準的靈丹妙藥。每個人悲傷時，都會踏上一段孤獨的旅程。

我在實踐過程中（我對員工和學生進行的培訓，提高他們的心理健康和復原力）總是會鼓勵人們去親自嘗試某些事情。經常有人問我，外頭有這麼多的研究結果和健康訊息彼此矛盾，我們的經驗也似乎與趨勢背道而馳，這時該怎麼辦呢？答案其實很簡單：對自己進行研究，給自己做科學實驗。試一試本書提到的策略，看看哪些適合你的個性，哪些又可以套用到你的生活和工作環境。仔細檢視它們能否幫助你熬過悲傷的日子。如果它們幫不上忙，反而讓你過得更加艱難（也許讓你得去做或思考其他的事情而感到負擔沉重），不妨拋棄它們，嘗試另外一個。

我也無意對悲傷的人寄予期望（應該發生什麼，或者你應該感受到什麼）。本書中不會出現「應該要」這個詞，當你失去重要的親人而悲傷隨之滾滾而來時，誰都沒有權力要求你該表現得如何。本書匯集了我（和其他人）在面對重大傷痛時有用的研究結果和策略，我在艾比去世前就知道其中一些，其他則是我在她去世後的幾個月為了尋找解決之道和尋求內心平靜所發現的。這些是對我有用的實證實踐，希望某些策略也能幫助各位。

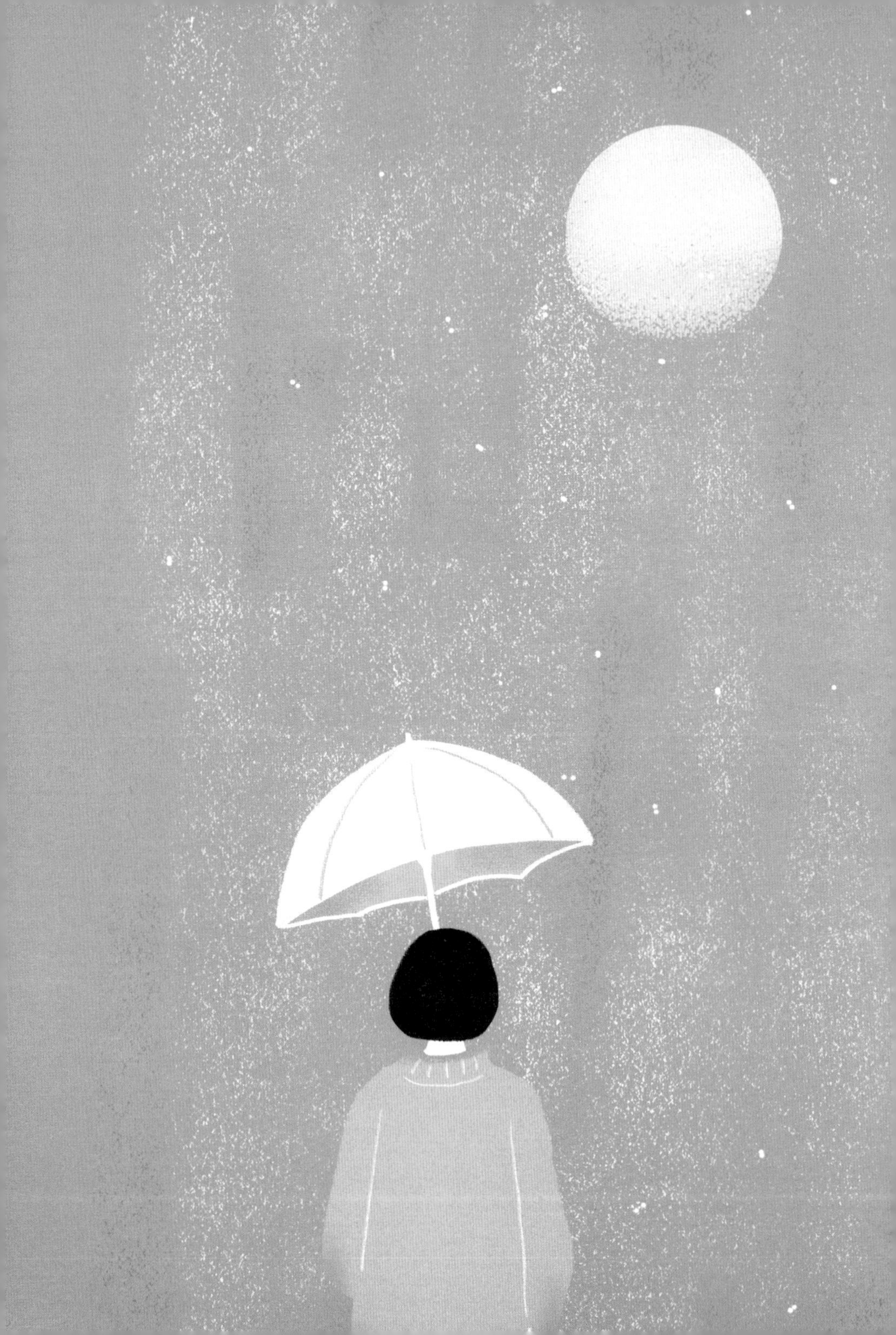

復原

RECOVERY

第二章

重創過後立即可採用的六種應對策略

心愛的人去世以後，別人會給你很多的建議。當我感到憂鬱和焦慮而身心衰弱時，下面的策略幫助了我。

一、沒有規則可循——做「你」需要做的事

意外事件發生以後，特雷弗和我都很清楚，我們不必遵循任何規則。傳聞湯瑪斯·艾爾發·愛迪生（Thomas A. Edison）曾說：「這裡沒有規則，我們正在努力完成某件事情。」一旦某件事和生存同樣重要時，生活常規就不適用了。你人就坐在駕駛座，你是最重要的，你得去求生存。你有絕對的自由權，做什麼都行，只要能熬過最初的幾天和幾週即可。想睡多久就睡多久，想做什麼就做什麼，想感受什麼就感受什麼，沒有人可以命令你。

就在艾比死後的最初幾個小時和幾天裡，我突然發現只對自己負責是多麼重要。我身為母親，失去了愛女，早已天塌地崩，我有權去決定自己想幹什麼事。我每遇到一件

事情，都會問自己：「這能夠幫我們度過難關，還是會讓事情變得更糟糕？」當我們決定是否要去法庭看闖禍司機的審判時，我們會從長遠的角度來想：這樣是否有助於我們熬過悲傷的日子（因為我們會覺得要還艾比公道）？或者我們坐在法庭，看著這個傢伙被質詢，同時重溫那些「如果當初怎樣，結果就會如何」的時刻，是否會讓我們眼下和未來更難熬。透過這種方式去看待我們的思想和行為（詢問自己：「這會幫助或傷害我？」）是認知行為療法的核心原則。我在賓州大學的復原力課堂中首次聽到這種觀點，我現在發現它是一種比社會習俗更能用來評價世界的標準。別人都認為我們會出庭，但我們不需要這樣做。出庭無法幫助我們，只會讓我們再次受傷。

我提出這一點是因為我認為走自己路有時並不容易。我知道社會對我的期望，也知道先例是什麼，但我認為自己非得選擇不同的道路。我不是在談論重大的違規行為，而是談論某些微小的抉擇，好比決定不打開我們每天收到關懷來信。我想以後再看這些信，這樣可能會讓我感到慰藉（譬如當我需要聆聽關於艾比的新回憶時，甚至在我的腦海強化她已經離世的事實時），我保留了一些信件，不去拆封。雖然有人會認為不打開他們寫的信很不禮貌，但我此時選擇把自己的需要擺在首位，只做對我有益的事。我基於同樣的理由，甚至不會給所有送花和送餐的人回信，我真的很感謝他們，但一一回信實在會加重我的負擔。同樣地，我感到非常驚訝，許多父母和配偶痛失親人以後，竟然願意接受媒體採訪，搞得自己精疲力盡，但這樣顯然對他們沒有任何好處。大家聽著（艾比會這樣說），沒有人有權在你受到重創以後立即採訪你，因為你飽受震驚，還無法仔細思考。如果你想接受採訪，那就去做，但假使你真的不想，或者你還不確定，那就拒絕受訪。如果你有想說的話，以後有大把的時間可以發表意見。

我們要詢問自己「這是否能夠幫助我們，或者會妨礙我們復原」，以此來質疑我們的想法和行為，讓我們飄浮在無助的海洋之際，能夠獲取一丁點掌控權。

二、選擇你要關注的地方

人處理事情的能力有限，我們的能力絕非無窮無盡。

如果我告訴你，人腦大約只有一五〇〇立方公分的處理能力，你可能聽不懂我在說什麼。假使我改口說，根據科學家的估計，人在任何時候只能處理七個位元（bit）的訊息（亦即區分聲音、視覺刺激、解碼情緒和思想），你可能就比較了解我所說的話了。[1]然而，即便如此，我們仍然很難去理解這些數字對我們可憐的悲傷心靈所帶來的影響。各位要理解的重點是，人腦即便運作正常，處理能力也非常有限（因此允許哪些訊息進入我們的意識便非常重要），所以對於哀傷的人來說，選擇正確的材料（訊息）將有多麼重要。在艾比死後的幾天、幾週、甚至幾個月以內，我的大腦絕對不會處於最佳的運作狀態。

我們要詢問自己「這是否能夠幫助我們，或者會妨礙我們復原」，以此來質疑我們的想法和行為，讓我們飄浮在無助的海洋之際，能夠獲取一丁點掌控權。

傳奇的美國心理學家米哈里・契克森米哈伊（Mihayl Csikszentmihalyi）說道，如果我們可以體驗的事物是有限的，將注意力集中在什麼東西上就會深切影響我們日常生活的內容和質量。[2]我了解這一點之後，便知道不要將有限的精力和注意力「浪費」在指責撞死艾比的那位司機。根據我接受的訓練，那樣做是有礙復原力的思維，我們不會得到任何好處。

桑迪．福克斯（Sandy Fox）的二十七歲女兒和獨生子被人開車撞死，結果那人卻肇事逃逸，而桑迪採取的態度也跟我非常相似。她在回憶錄中寫道：「撞她車子的貨車司機一轉眼就不見了。他肇事逃逸以後，消失無蹤，再也找不到了。朋友們問我：『他逃掉了，可以不受懲罰，難道妳不生氣嗎？』我仔細想了一下，最後下定決心：『不，我不想坐在法庭上，聽到他重述肇事過程，也不想看著他的眼睛，永遠記住他的臉。』我這樣好受多了，不必再經歷那件事，也不必再一直做噩夢。」[3]桑迪選擇不去追捕司機，因為她不想悲傷時還得記住這個人的面容，這樣她才會「好受多了」。

我一直認為，肇事司機在我的家庭悲劇中只是個「小角色」。契克森米哈伊的建議是，我們如何過生活（有何種形式和內容），取決於我們如何引導我們有限的注意力。事故發生後的最初幾個月裡，我一直想著這項建議。契克森米哈伊寫道：「你如何投入精力，就會衍生出截然不同的現實。」[4]

如果在艾比去世前，我曾經聚焦過自己的注意力（想像成手電筒的光束，非常刻意聚焦在某一個地方），那麼在這個因悲傷而能量大幅耗盡的新世界裡，我就決定不要將注意力分散到其他無意義的地方。

我們如何過生活（有何種形式和內容），取決於我們如何引導我們有限的注意力。

別忘了，你可以自行選擇要將生活的注意力集中在何處（你也要知道自己處理外部世界的能力是有限的）。這是特別強大的工具，在經歷喪親之痛時可以運用。你可以選擇將光束聚焦在什麼上。要怎麼做，由你決定，不要受你的父母、朋友、媒體、律師、恐怖分子、司機，甚至關注受害者的人士所影響。我女兒死後，凱倫·瑞維琪給我捎了訊息，指出復原力「是讓你刻意將注意力放在對的地方」。[5]

我不會恨你們

二〇一五年十一月，巴黎人安托萬．萊里斯（Antoine Leiris）向世界展示了選擇關注焦點的能力。在巴黎恐怖襲擊奪走了他妻子的生命以後，萊里斯在臉書上發表了一篇名為〈我不會恨你們〉（"You will not have my hatred"）的貼文，如此寫道：

星期五晚上，你們奪走了一位特別人物的生命，她是我的摯愛，我兒子的母親，但我不會恨你。我不知道你們是誰，我也不想知道，你們已經是死人了。你們為了你們的神，不分青紅皂白殺戮。如果這位神按照祂的形象創造了我們，那麼我妻子身上的每一顆彈孔，都會成為祂心中的傷口。

因此，我不會送上恨你們的禮物。你們顯然在尋找這個禮物，但是用憤怒來回應仇恨，便是屈從於同樣的無知，而你們正是出於這種無知，才會成為今日的模樣。你們想讓我害怕，讓我對同胞投以不信任的眼光，甚至讓我為了安全而犧牲自由。

可惜，你們失敗了。同樣的玩家，同樣的手法。

我今天早上看見我妻子。經歷無數個日日夜夜的等待，我終於見到她了。她和週五晚上離開時一樣美麗，和我十二年前瘋狂愛上她時一樣美麗。我當然十分悲傷，算你們贏了，但我的悲傷也只是短暫的。我知道她以後會和我日日相見，我們會在自由靈魂的天堂再次碰面，但你們絕對進不了天堂的大門。

我們只有兩個人，我的兒子和我，但我們比世界上的任何軍隊都要強大。無論如何，我不想再浪費時間在你們身上，我要去照顧從午睡中醒來的梅爾維爾（Melvil）。他現在只有十七個月大，他會像往常一樣吃點心，然後我們會像往常一樣玩耍，這個小男孩一輩子都會快樂和自由，藉此來侮辱你們。因為，連他也不會恨你們。

萊里斯，〈我不會恨你們〉，臉書貼文，二〇一五年十一月十七日

三、慢慢來

艾比死後的隔天早上，我兒子的學校牧師博斯科．彼得斯（Bosco Peters）和他的妻子海倫來拜訪我們。我大概得知博斯科的女兒凱瑟琳也是發生意外而喪生，但我記得自己當時因為覺得不好意思而不敢過問，以免問錯了失禮。到了星期天，牧師和海倫又來拜訪我們，我們和他們一起坐在客廳喝茶聊天，在場還有其他人。他們說凱瑟琳死後，他們悲傷了五年，過得悲慘痛苦，然後給了我們一些不錯的建議。博斯科說道：「別著急，慢慢來，這幾天什麼都別急。你們要慢慢適應艾比已經離開。如果還沒準備好，就不要急著舉行葬禮。你們有的是時間。」

他們從旁支持我們，分享他們來之不易的寶貴經驗，讓我真的心懷感謝。他們知道，一旦死者真正離去（無論土葬或火葬），還有很多時間可以去哀悼他們。艾比星期六去世，禮儀師整理好遺體，星期三才把她送回家。多虧了博斯科的建議，在下週一的葬禮之前，我們有五天的寶貴時間可以陪伴艾比。

我在家陪伴艾比遺體的那段時間，不僅改變了一切，也改變了我悲傷的方式。這是一種歷史悠久的儀式，對我們有很大的幫助（關於其他儀式，請參閱第十八章），我知道這對別人也很重要。金伯莉（Kimberley）是我的密友，他的兒子亨利（Henry）是艾比和艾拉最親密的朋友，而我最近從金伯莉那裡得到了一條短訊，正好提醒我讓艾比回家並與她共度時光有多麼重要。「謝謝你讓我們和艾比共處。昨天過得很棒，我們跟她說了再見以後，內心感到更平靜了。我希望今天和你的女兒在一起時能讓你感到寬慰。如果你想要別人給你打氣，隨時來找我們。」[6]

四、感受痛苦：擁抱悲傷、感受痛苦並且哭泣

艾比去世幾週以後，我的一位碩士班朋友聯繫了我，向我提供一些「佩瑪智慧」（Pema wisdom）。她指的是美國藏傳佛教教師兼作家佩瑪・丘卓（Pema Chödrön），但我從未聽過這個人。丘卓認為，生活分崩離析時是一種考驗，但她卻要我們將這些視為生命的正常部分。她寫道：「我們以為關鍵是要通過測試或克服問題，但事情其實並

未真正解決。它們聚在一起，然後分離。然後它們又聚在一起，又分離。就是這樣。」因此，生命就是這樣。事實就是如此。丘卓指出，人生無常，世事難料，要留出空間讓一切發生，承認變化將會發生，生活包含諸多苦難，還要挪出空間去「感受悲傷、尋求解脫、忍受痛苦和體會快樂」。[7]

這些使我感到共鳴，於是我繼續讀丘卓的書《當生命陷落時：與逆境共處的智慧》（*When Things Fall Apart : Heart advice for difficult times*），瀏覽其餘內容，發現佛教思想通常對於我們這些遭受喪親之痛的人來說確實很有用。我翻閱丘卓的書頁，逐漸改變了自己的視角，也平息了內心的憤怒聲音。她認為經歷喪親之痛和陷入困境是人生常態，而我們可以選擇如何去面對。當創傷性事件發生時，我們自然而然地會選擇逃避，免得受到傷害，但丘卓建議我們要擁抱悲傷，去直接感受痛苦、失落、嫉妒和渴望。「人們通常不會把這些情況當作人生課題，當然會討厭它們。我們會瘋狂奔跑，想盡辦法逃避——當我們被逼到極限而無法忍受時，我們就很想逃避。」[8]

擁抱悲傷，去直接感受痛苦、失落、嫉妒和渴望。

這些話恰恰反映了我自己的經歷，尤其是我在女兒死後的最初幾天和幾週之內的經歷。我們原本熟悉的生活讓我感到舒適安逸，但也有該做的例行公事，更有各種期望和瑣碎複雜的事情要處理，然而，不知何故，我覺得自己瞬間被推向一個截然不同的陌生世界。忍受這種創痛讓我們「處於生命的邊緣」，我過去就是這樣想的，感覺自己位於土星的外環上，與自己所知道的世界完全分離，在那個遙遠的地方不停旋轉。然而，在女兒死後不久，即使我身處在這樣的絕望之中，我也能清楚看到這種生活的樣貌，這是日常生活中很少會遇到的各種經驗。艾比躺在低矮的棺材裡，棺蓋開著，棺材裡擺滿之前她房間裡的物品，那些她很熟悉且會感到舒適的物品。孩子們前來探望她，我看著這溫馨的一幕，聽著孩子們聊著艾比，這是一種純粹稚嫩的交流，無所保留、誠懇自然且發自內心，我知道自己見證了愛和同情，這種感受遠遠超出我們平凡的日常體驗。透過痛苦，美麗和愛閃閃發光。我們沒有躲避，而是直接迎了上去。

我現在熟悉了沃登（Worden）的〈哀悼的四項任務〉（請參閱第四章），我可以將這段經歷與他的第二項任務（處理悲傷帶來的痛苦）聯繫起來。沃登寫道：「並非每個人都會經歷同樣強烈的痛苦或以同樣的方式感受到痛苦，但你只要失去深深依戀的人，幾乎不可能不會感受某種程度的痛苦。人在喪親之後，湧現的情緒會極為猛烈，但一般人剛失去親人時，往往都還沒有準備好去面對這種如浪潮湧來的情緒，也不知其本質為何。」[9]

特雷弗和我很幸運，因為我們對處理情緒的態度很類似：我們天生都樂於感受和表達自己的情緒，所以我們發現和周圍的人分享我們的感受不會太難。我二十五年前第一次見到特雷弗，他直率、誠實和開朗，深深吸引了我，還有他很善良。我當時不知道，他的這些特質會在我們最黑暗的日子裡讓我們團結在一起。感到痛苦和悲傷（大聲哭泣和無聲啜泣）非常可怕，但我最後了解，既然我受了那麼多的傷害，要是再經歷飽受這些情緒的衝擊，對自己的傷害可就大了。經歷痛苦只是生命的一部分，是我們對離世的親人表達愛的一種方式。

五、慎防悲傷「伏擊」

布蕾克・諾爾（Brook Noel）和帕蜜拉・布萊爾（Pamela Blair）出過一本書，名為《我還沒準備說再見：突然失去摯愛後，你可以這樣療癒自己》（*I Wasn't Ready to Say Goodbye: Surviving, coping and healing after the sudden death of a loved one*）。這兩位作者在這本書中提到了悲傷「伏擊」（grief "ambush"）的概念。[10] 我最近參觀城裡的新超市時才發現自己再次被埋伏的悲傷所襲擊。原本的超市在地震中毀壞，將近五年以後終於重新開業。整個社區都熱切等待超市正式開業，大家都在彼此自嘲，說不過是一家新超市開張，幹嘛這樣興奮。然而，五年是一段很長的時間，我們住在半島上，只有一條路進，一條路出，而且離市中心很遠。超市終於開業了，我開進停車場，眼睛發亮，精神煥發，很高興終於在我們家附近有了體面的超市。我把車停了下來，但我正要下車時，一股悲傷頓時襲上心頭。我的腦海冷不防充滿了回憶，湧現我和艾比以前一起逛超市的美好時光。她先是蹣跚學步，然後成了小學生，於是我開始流淚。眼淚撲簌簌落了下來，淚水止不住的掉落。我在逛超市時還是無法停止掉淚，我無法控制自己，因為我敏銳地意識到，我曾在二〇一一年最後一次站在這個地方，此後生活卻發生了天翻地覆的變化。艾比那時只有八歲，一直黏著我。我會到熟食櫃檯買火腿給她，然後我一邊推著手推車，她會一邊吃著火腿。現在，我在這裡過著截然不同的生活，回首過去，我還是難以相信艾比已經死了。幸好我看到了艾比的一個朋友和她的父親，然後我在賣可口可樂的走道上對著他們大哭了一場，哭完後打起精神，再次戴上太陽眼鏡來隱藏我的傷痛。喪失親人以後遭到悲傷伏擊是很正常的，但你要是突然遇到這種情況，肯定會覺得自己很愚蠢。

沒有任何一種策略可以幫你做好準備來應付這種時刻，但是給這些時刻命名，就可以讓我知道發生了什麼事情，使它們不會那樣干擾我們。知道你有時會被悲傷伏擊（痛苦會在最意想不到、而且通常是最不恰當的時刻和地點襲上心頭），這樣便可以在下一次發生悲傷伏擊時更好地應付它。

六、重新建立常規

在基督城慘遭地震侵襲後的環境中，我了解到重建常規以化解創傷負面影響的重要性。災難研究人員認為，若要逐漸復原，一開始的重要步驟就是要盡快重建實體的正常常規。政府當局會談論要建立「正常化」，亦即讓孩子們重返學校，讓父母返回工作崗位，讓社交生活、教堂、俱樂部、休閒設施和社區恢復運作。他們知道「新常態」非常重要。

重建常規就是讓大腦知道我們很安全，危機已經結束，可以關閉身體因應創傷事件的紅色警報功能。常規具備可預測性，可讓我們感到安全，並且能大幅減少的壓力、焦慮和無助感。

研究指出，家庭復原力確實很重要，在災難發生後讓家人團聚，盡力恢復日常生活和平日活動，這些都有助於孩子們去面對災難。回到托兒所或學校、家庭重新聚餐、給孩子講睡前故事、運動俱樂部重新開業，以及人們可以重新社交來往，這些都會讓人們感覺混亂已經結束，生活正在（逐漸）進入新常態。這些重複的動作不僅讓孩子安心，也讓周圍的大人放心。

我家裡還有十六歲和十四歲的兒子，我發現需要讓他們盡量多體驗正常生活，以便幫助他們的大腦從創傷中恢復過來，使他們可以在艾比離世的情況下繼續生活。我不是說我們不可以在家裡表露悲傷的情緒，我們會這樣做，現在仍然是如此，但是讓孩子們回到學校上課，我們就能夠有所依托來重拾生活。孩子們也很想這樣做，希望盡快返校上課，這讓我感到很驚訝。他們不到兩週就回到了學校，而且感到很高興。

常規具備可預測性，可讓我們感到安全，並且能夠大幅減少壓力、焦慮和無助感。

特雷弗和我則花了更長的時間才重返工作崗位。在艾比死後的最初幾週，我們跌跌撞撞，經常無法集中注意力，很容易分神，而且對以前我們習慣從事的活動失去了興趣，只會偶爾做一下，但也是敷衍了事。回首過往，我的腦海便會浮現我們當時每天的生活畫面，總是一早就和狗兒一起散步，然後有時會整天哭泣，有時則是麻木和沈默，有時又會一遍又一遍咀嚼情緒，想要理出頭緒，彷彿只要努力思考和談論夠久，就能夠化解一切。雖然我們無法讓自己重返工作崗位，但重新安排用餐時間和規律的生活，好比鍛鍊身體、遛狗、喝咖啡、吃早餐、做家事、吃午餐、做家事、小睡一番、吃晚餐、看電視和上床睡覺，這些都會有幫助。

我們大約花了六週的時間才回去上班。特雷弗回到他的建築公司，他的團隊雖然少了他，卻依然營運無礙。我迫不及待想要繼續我的研究，並且堅信自己不會放棄目前攻讀的博士學位。我和同事談過，先讓我上班一到兩個小時，再看看進展如何。奇怪的是，當我將注意力集中在別處時，我得到了很大的解脫，我發現我可憐的崩潰大腦能夠處理這麼多事情而感到歡欣鼓舞。我的期望很低，承受的壓力很小，所以我逐漸增加工作時間。我上班以後，總算能夠分神去處裡其他的事，不再深陷於悲傷的情境，而且從那以後，我就知道該如何藉此建立生活常規。

我最近遇到了另一位女士，她叫安娜（Anna），她的雙胞胎姐姐不久前才因為飛機失事而去世。就在安娜的姐姐去世三週以後，我在某天早上見到了安娜。她強忍著眼淚，讓孩子們走出教室，然後去工作，我當時對她欽佩萬分。安娜指出，回到她擔任助教的課堂教室對她確實有所幫助。她全神貫注於孩子們的活動，就可以忘卻悲傷，獲得急需的休息，至少在學校的那段時間是這樣。看到孩子們像往常一樣繼續過生活，她就告訴自己的大腦，生活還是正常的，日子還在繼續，眼前的威脅已經結束。最重要的是，短暫的工作時光讓我們得以休息和暫時獲得避風港，而不會感到悲傷。

第三章

關於悲傷，復原力心理學能教我們什麼？

心理學傳統上關注風險因素（risk factor，不良生活結果的預測因素），但有越來越多的學術研究人員關注保護因素（protective factor），而我就是其中之一。這些保護因素已被證實可以促進健康並幫助人在受到創傷、面臨壓力和處於逆境以後復原。

喪親之痛的研究仍然著眼於剖析複雜的喪親經歷（找出受創者會經歷的各種階段）以及減輕悲傷的負面情緒，好比焦慮和憂鬱。因此，當我們失去艾比，開始閱讀喪親之痛的文獻時，我驚訝地發現這兩個研究領域的交集竟是如此之少。雖然復原力心理學家已經提出各種幫助人們從創傷中復原的研究成果，但喪慟研究（以及分發給像你我這種喪親者的文案）卻很少收錄這些策略。我經歷過創傷（從二〇一〇年到二〇一二年，一連串的地震不時撼動我居住的城市），並且以前也曾經因為母親過世而悲傷，所以我突然想到，我們宣導的提高復原力工具或許能在喪親時派上用場。美國心理學會（American Psychological Association）將復原力定義為「面對逆境、創傷、不幸〔和〕威脅時良好適應的過程」（the process of adapting well in the face of adversity, trauma, tragedy [and] threats）。[1] 在我看來，喪親者的悲傷也會給人帶來創傷和不幸，因此足以去運用復原力研究。

例如，復原力研究強調密切的家庭關係、社會支持、家庭常規、養育品質、思維和應對方式（比如樂觀和積極的情緒）、體育活動，以及文化和精神信仰甚為重要，可以積極影響人對逆境的反應。毫無疑問，個人性格的差異也會讓人以不同的方式去反應，有些人能夠適切處理壓力，有些人則比較容易受到壓力的影響。然而，研究人員研究過在極端逆境中展現韌性的人，證明了確實存在某種復原力的藍圖。他們的研究發現非常引人入勝。

舉例來說，史蒂文．紹斯威克（Steven Southwick，耶魯醫學院精神病學、創傷後壓力疾患和復原力教授）和他的同事丹尼斯．查尼博士（Dr Dennis Charney，西奈山醫學院精神病學和神經科學教授）研究過戰俘復原力背後的遺傳、心理、生物、社會和精神因素，也研究過特種部隊教官和經歷過痛苦創傷後能夠繼續成長茁壯的普通人。這兩位學者感到非常驚訝，因為他們發現，雖然基因的確能夠發揮作用，促進個體的復原力，但它們只算是某個環節。「我們開始研究時假設復原力是罕見的，而有韌性的人是特殊的，也許他們天生就具備這種能力。然而，事實證明我們錯了，復原力非常普遍，隨處可見。更棒的是，我們發現每個人都可以學習和接受訓練，從而變得更有韌性。關鍵在於要知道如何駕馭壓力，並將其轉化成有益於我們。」[2]

在他們的一項研究中，紹斯威克和查尼採訪了三十名曾被關在越南惡名昭彰的河內希爾頓集中營（Hanoi Hilton camp，又叫火爐監獄）的戰俘。他們挑選了經歷六到八年監禁以後，還能過著順遂且有意義人生的前軍人。查尼在後續的一次採訪中說道：「我們特別感興趣的是，這些戰俘曾被關在離家八千英里之外的監獄，他們是如何面對創傷和壓力，而且在出獄後能夠成為堅強的人。」[3] 他們發現，儘管這些人被單獨監禁多年並遭受折磨，但有幾個共同因素對他們的存活至關重要。一是其他囚犯不斷鼓勵他們，被關在隔壁的囚犯發明稱為「敲擊代碼」（tap code）的東西，彼此敲擊字母來互相交流聯繫，他們從來都沒有完全遭到孤立，仍然可以相互扶持。「每個人都需要透過敲擊代碼來熬過艱難的日子，很少人能獨自支撐下去。」查尼如此解釋，說明這些戰俘是如何透過友誼來彼此支持。

這些囚犯還有其他常見的特質，好比為人幽默、抱持信仰和追求靈性、尋求榜樣、樂於助人和生性樂觀。儘管牢房窄小，這些戰俘也很努力去保持身體健康。研究人員指出，他們身體健康，自尊心自然提高，心理韌性也就更強了。我最先在賓州大學接觸到查尼的作品以及復原力訓練的概念和實踐，而教導我們這項主題的首席講師是凱倫・瑞維琪。

瑞維琪身為賓州大學復原力計畫的聯合主任，擁有多年為學校和企業組織開發復原力培訓計畫的經驗，並且獲得了培訓整個美國陸軍復原力心理技能的合約，讓官兵強健體魄的同時也能保持心理健康。她教會了我復原力的三個基本事實：**多數人都有復原力、獲取復原力只需要非常普通的過程、可以透過教授和學習這些過程**。

在艾比去世以後，瑞維琪寫信給我：「我教導的許多干預措施並不是高深的學問……更重要的是，妳要將注意力集中在這裡，而不是別的地方。」[4] 她的話給了我希望。我認為我可以將注意力放在自己仍然擁有的美好事物上，與親近的人繼續培養關係，接受自己可以改變和無法改變的事，以及利用我的力量來幫助自己復原。

因此，本書著眼於已被證明可以促成復原力研究中良好結果的個人資產和資源（用心理學的術語來說，就是促進和保護因素〔promotive and protective factor〕），同時檢驗它們在新的環境下（悲傷的情境下）有用的程度。本書還會提出一些問題，什麼可以幫助人去面對喪親之痛？有些人會比別人復原得更快嗎？哪些行為和思維方式可以幫人熬過喪親的痛苦，哪些行為和思維方式又會橫加阻礙？悲傷要持續多久，是否有固定的時間長度？有可能悲傷時間太短嗎？而這是否屬於否認的跡象？這一切是否都能歸結為個體差異，或者某些策略可能可以幫助許多悲傷的人？

我教導的許多干預措施並不是高深學問……更重要的是，妳要將注意力集中在這裡，而不是別的地方。

我必須承認，我開始寫本書時曾經（甚至在我內心）懷疑悲傷復原力（resilient grieving）的概念——是否真的可能採取某些認知和行為策略來加速悲傷的過程？我們在復原力培訓中使用的實證工具在喪親的情境下是否有用？或者我被迷惑了，即將要跌倒了？我是否只是在展現庫伯勒—羅絲著名的悲傷五階段的其中一項（否認）嗎？我猶豫和思考過，但我知道人類具備非凡的能力，可以從各種創傷（比如：自然災害、戰爭、監禁）中復原，於是我說服自己去嘗試。誰說同樣的復原力技能和恢復策略不能應用於喪親以後的生活？

然後，我發現喬治·博南諾和一批新的研究學者開始探索復原力在喪親之痛的情境下是何種模樣。此外，湯瑪斯·阿提格（Thomas Attig）向我保證，雖然我們對悲傷的最初反應是被動，並且會有點超出我們的控制範圍，但我們在悲傷時並非完全無助：人在悲傷時其實有各種選擇。[5] 這些研究人員透過精心安排的訪談所收集的研究結果，以及橫斷面（cross-sectional）* 和縱貫 †（longitudinal）調查的數據結果，都是十分讓人信服。

博南諾是哥倫比亞大學（Columbia University）臨床心理學家，曾經出版過《悲傷的另一面：喪親之痛的新科學告訴我們該如何在失去親人後過生活》（直譯：*The Other Side of Sadness：What the new science of bereavement tells us about life after loss*）。

---

* 譯註：可以在同一段時間裡蒐集並分析不同受試者資料。例如，年齡變數。在某一段時間內針對各種年齡的受試者來發放問卷，藉此瞭解他們對於某些事物的看法，這便是一種橫斷面的研究。

† 譯註：這是一種跨越長時間的觀察研究。

他在二十年的研究過程中發現，人們會適當面對喪親之痛，這種情況要比喪慟研究人員先前指出的要普遍得多。根據他的研究，多數人從喪親之痛中復原過來的方式與他們從其他生活劫難（兒時貧困、戰爭、自然災害、恐怖主義）中復原的方式大致相同。

他的研究還證實某些人具備復原力。「我們從不斷適當應對喪親之痛的人身上發現某些心理特點。其中一個是能在各種情況下進行調整，以滿足不斷變化的需求。這是一種行為靈活度……每一種壓力和逆境都會以特定的方式來逼迫我們。人們在親人慘死後所面臨的掙扎，是不同於看到親人因長期疾病而離世時所承受的壓力。應對喪親之痛是不同於面對其他類型的暴力或危險創傷，例如在颶風或海嘯侵襲後倖存下來。總體來說，能夠最適當因應這些不同情況的人，就是那些盡一切努力去度過難關的人。」[6]

這些話總結了我對復原力和存餘喪親之痛的態度：我要盡我所能去度過每一小時、每一天、每一週、每一個月和每一年。這就是我的任務概要。

博南諾和他的同事應用了馬斯頓、紹斯威克、查尼和瑞維琪等人應用於其他類型創傷的相同混合科學方法，反駁了某些關於喪親之痛的傳統迷思。例如，悲傷專家以前認為，表達悲痛是喪慟的重要環節，只要不這樣做（他們稱之為**缺乏悲傷**）都是在表現否認，並且未能表達這種痛苦，日後就會導致他們所謂的**延遲悲傷反應**（delayed grief reaction）。

我要盡我所能去度過每一小時、每一天、每一週、每一個月和每一年。

博南諾的研究團隊最一致的發現是，並非人人都得經歷悲傷的各個階段，我們也不必像許多悲傷理論家所說的那樣，必須**完成**多項哀悼任務。此外，沒有嚴謹的科學研究證明延遲悲傷確實存在。他們發現，「失去親人後調整得很好的人，以後幾乎還是健康的。延遲悲傷的情況根本沒有發生。」[7] 這為我本人的悲傷拼圖提供了一片極為重要的拼圖塊。

同樣地，博南諾針對「悲傷練習」（grief work，這個詞起初由西格蒙德・佛洛伊德〔Sigmund Freud〕於一九一七年創造，並於一九四〇年代由埃里希・林德曼

〔Erich Lindemann〕所採納）概念的研究，揭露了這項理論的局限性。他在二〇〇四年說道：「隨著研究人員開始更加關注喪慟過程……雖然心理健康專家幾乎一致認同悲傷練習的觀點，但令人驚訝的是，這種觀點顯然缺乏實證支持。」[8]

其實，博南諾和他的同事認為，人對喪親之痛通常會出現三種反應：某些喪慟者會經歷**長期的悲傷**（喪慟讓他們不堪負荷，他們為了恢復正常機能而苦苦掙扎，有時耗費數年之久）；有些人會逐漸**復原**（最初遭受創痛並表現出憂鬱或創傷後壓力疾患的症狀，但他們在幾個月內會逐漸恢復事發以前的機能）；然而，多數人面對悲傷時都能保持韌性，因為他們維持相對穩定、健康的心理和身體機能水平。有韌性的人可能會經歷數週身心不安的情況，好比偶爾專注力不足或睡眠品質不佳，但他們「通常會隨著時間的推移，表現出穩定的健康機能軌跡，以及生成經驗（generative experience）和正向情緒的能力」。[9]

由於喪慟研究歷來主要關注那些經歷急性和慢性悲傷（健康專業人員稱為「複雜性悲傷」＊）的個體，因此這種反應會被視為常態。博南諾寫道：「喪慟理論家一直高度懷疑沒有表現出明顯痛苦反應或在失去親人後表現出正向情緒的人，認為這種人很少見，會表現出缺乏悲傷的病態或功能失調的情況。」其實，他檢視所有可用的研究以後，表示「絕大多數的人」會保持健康的機能。例如，有幾項不同的研究長期追蹤喪親者，估計只有一〇～一五％的人會經歷慢性悲傷，[10]而表現出復原力（憂鬱或痛苦相對較低）的喪親者一直接近或超過樣本的五〇％，[11]以及六〇％的喪親研究參與者多年來一直回報說他們的生活滿意度很高。[12]

這並不是說人都不會悲傷。我仍然偶爾到了下午，就只能躺到床上告訴自己，我還是難以面對失去艾比的傷痛。我們不得不忍受這些痛苦，艾比也不幸死去，錯過了生命中所有的美好（甚至糟糕的）時刻。那個司機不該一時逞快，剝奪我美麗女兒數十年的美好生命。這樣根本是不對的，對我們也不公平。然而，我並不生氣，我知道生氣沒有什麼用。我通常能夠過正常生活，而且也願意承認，這也是一種解脫。艾比突然遭逢意外，特雷弗、孩子們和我卻能如此迅速復原，而且我們雖然偶爾會悲傷，卻能繼續好好

＊譯註：指人哀慟持續甚久且強烈，十分想念逝者，覺得生命毫無意義，甚至考慮結束生命去跟逝者在另一個世界相聚。

生活，並且多數時間都能保持完整的身心機能，這一切都讓我感到驚訝。即使我們心愛的女兒死後，我們還能正常生活。我發現有很多人像我們一樣，所以我就不再覺得我們很無情或很怪異。我讀過某些堅韌悲傷者的故事，他們會繼續出現負面情緒、感到痛苦，以及思念所愛的人，但也會繼續過著充實而有意義的生活。不知何故，我讀了這些故事以後，覺得這樣才更合適。

這非常重要，所以我要再重複一遍。許多研究指出，多數人都能很好地從重大災難（包括喪親之痛）導致的心理和社會衝擊中復原。這些研究還證明，只需要透過非常普通的過程就能獲得復原力。卡倫・瑞維琪將這些過程描述為一鍋燉菜，裡頭包含各種成分，有些會供應充足，但有些可能會用完。我們可能不喜歡某些成分的味道，但我一嚐某些成分，就會立刻愛上它們。不過，我卻喜歡把它想像成一種拼圖遊戲。話雖如此，我們要靠自己去找到可以幫助我們面對事故的事物，並且重新學習如何在我們面臨的新世界生活。

提高復原力的十種工具

丹尼斯．查尼和史蒂文．紹斯威克是全球神經生物學、治療情感和焦慮疾患，以及壓力復原力神經生物學方面的頂尖專家。他們發現：心理壓力會改變大腦的功能，某些確定的關鍵因素與復原力有關，訓練自己變得更有韌性是很有可能的。他們找出下面十種提高復原力的工具。

1. 採取積極的態度

- 樂觀和復原力密切相關（聽起來微不足道，但做起來真的很難）。
- 樂觀在某種程度上是遺傳的（但基因無法主導命運，你可以讓自己更樂觀）。
- 樂觀是可以學習的（透過認知行為療法之類的工具）。
- 毫無約束和不切實際的樂觀（又名「波麗安娜樂觀」〔Pollyanna

optimism」*）並不好，只會帶來麻煩。

- 真正樂觀的人會勇於面對殘酷的現實，準確評估創傷和當下情況，但同時具有信心，無論他們遇到什麼困難，最終都能成功化解。

2. 靈活思考

- 透過認知重新評估（cognitive reappraisal）而獲得的認知靈活度和復原力密切相關。
- 可以改變事件的認知價值和意義來重新評估創傷經歷。
- 可以從壓力和創傷中獲益：可以重構（reframe）、同化（assimilate）、接受和復原，這些技巧是可以學習的。
- 失敗是成長的必要元素。

3. 形塑個人的精神指南

- 發展一套核心信念，相信幾乎沒有什麼東西可以粉碎自己，而這和復原力密切相關。

- 對於許多人來說，這就是讓自身信念與強烈的宗教和／或精神信仰相互結合，但不一定必須如此。
- 利他主義（幫助別人）和復原力密切相關。
- 倖存者的使命也是密切相關。

4. 找到復原力的榜樣

- 榜樣很重要；可以在生活中找到這些人，但你不必認識他們（例如：猶太人大屠殺的倖存者維克多・弗蘭克〔Viktor Frankl〕以及納爾遜・曼德拉〔Nelson Mandela〕）。
- 模仿是非常強大的學習模式。

＊譯註：語出美國暢銷童書《愛少女波麗安娜》（Pollyanna & Pollyanna Grows Up），最終Pollyanna一詞被收入字典，表示「過分樂觀的人」。

5. 面對恐懼

- 恐懼是生活的部分常態，可以將恐懼作為指引；面對恐懼可以讓你感到更有自尊。
- 學習和練習克服恐懼所需要的技巧。

6. 培養積極的應對技巧

- 有復原力的人會使用主動而非被動的應對技巧。
- 盡量減少對壓力源的評估，要對自己做出積極的評價，同時積極尋求他人的支持。

7. 建立和培養支持性的社交網絡

- 很少有人能「單獨面對一切」。人面對壓力時，需要借助安全網絡。
- 發展自己的「敲擊代碼」。
- 若與他人和組織建立密切的關係，便能獲得相當大的情感力量。

8. 注意身體健康

- 鍛鍊身體可以讓身體強健、保持情緒穩定和提高自尊心。

9. 在多方面定期嚴格訓練

- 想要改變，就需要進行有系統和規律的活動。
- 專注於多個領域的訓練：情緒智力、道德操守、身體耐力。

10. 認識、利用和培養獨特優勢：

- 學習去認識自己的性格優勢，利用它們來克服困難和面對飽受壓力的情況。

◎改編自丹尼斯．查尼的〈培養復原力的處方〉（"The resilience Prescription"）。[13]

第四章
接受親人已經離世的事實

接受親人已經離世的事實，短短一句話，寫起來容易，做起來卻很難。我寫下了這章的標題，然後就盯著它，看了很久很久。當喪親是你面對的最大挑戰時，我怎麼能如此輕易地要你「接受親人已經離世的事實」呢？

許多喪慟研究人員、悲傷諮詢師和治療師認為，要順利化解悲傷，最重要的一步就是接受親人已經離世的事實。威廉・沃登（William Worden）是哈佛兒童喪慟研究的聯合首席研究員，他的著作《悲傷輔導與悲傷治療：心理衛生實務工作者手冊》（*Grief Counseling and Grief Therapy: A handbook for the mental health practitioner*）被許多人視為探討複雜性悲傷的聖經。沃登認為，接受親人已經離世的事實就是哀悼的其中一項基本任務。其他的任務包括：處理悲傷的痛苦、調適自己去適應失去親人的世界、找到與死者的持久連結，同時擁抱新生活。我會逐漸熟悉這些，但首先要接受親人已經離世的事實。

艾比死後，我們非常努力要自己盡快接受這件讓我們心痛的事情，那是我應對的方式，我認為接受親人已經離世是第一步，這不是出於我對任何悲傷理論的了解，而是出於直覺。我要求生存，踏出這種重要的第一步非常合乎邏輯，這並不表示你首先要這樣做。某些人立即就會這樣做，但其他人則需要點時間。然而，接受親人已經離世的事實是調適自己的必要步驟。要接受它，知道它是不可逆轉的，再多的願望、祈求、敦促或討價還價都無法改變結果。我一遍又一遍告訴自己，這件可怕的事情已經發生。對我、對我們、對艾比，都是一樣的。她死了，一切都結束了，我根本無能為力。

我還記得特雷弗和我在女兒死後一個禮拜的對話。我們坐在海灘上方的石牆上，望著大海，想著該做什麼，該說什麼，以及該如何在充滿仇恨和絕望的新世界裡生活。我對特雷弗說，如果艾比死於癌症，情況不會有所改變。我們現在還是會處在同一個困境，失去愛女，傷心寂寞，痛苦萬分且深感悲傷。其實，我們可以說那樣更糟糕。期望她能活下去，但她卻逐漸消亡，雖然抱著希望，卻看著機會溜走。我可不想經歷那種場景。

話雖如此，我也不會選擇眼前的這種生活，經歷愛女突然離世而痛苦萬分。不過，這就是重點，人死了，就是死了。誰都會死，無論好人壞人、男女老幼、富貴貧窮，死神不會饒過任何人。這完全是隨機的，我們無法選擇自己要突然或緩慢死亡，也不能決定要何時或如何離世。

在我看來，思考人為什麼會死或該如何死根本在浪費寶貴的精力。在艾比死後，我突然很缺少這種精力。我每天都需要消耗精力，才能在接下來的數週或數月、甚至數年內奮鬥求生。所以，我根據字面去套用瑞維琪的話，決定不把注意力集中在女兒和友人死亡的機制上——艾比、艾拉和莎莉是怎麼死的，或者我們本來可以怎麼做，她們才不會死。現在，我要接受她們已經離世的事實，並且**必須**在沒有艾比陪伴的情況下度過餘生，而要做到這點，就要耗盡我們剩餘的每一丁點精力。我感到很幸運，因為特雷弗也能做到這一點。

誰都會死，無論好人壞人、男女老幼、富貴貧窮，死神不會饒過任何人。這完全是隨機的。

我偶爾不得不阻止自己往「如果當初怎樣，結果就會如何」的死胡同鑽。研究人員將這種非常普遍的行為稱為「討價還價」（bargaining）。

如果我們那天沒有接到讓艾比搭便車的電話會怎麼樣呢？如果我不讓她去，又會怎麼樣呢？如果我沒有計畫在奧豪湖過那個週末會怎麼樣呢？如果我不打算去山區騎自行車而只是待在家裡（正如艾德和特雷弗所希望的那樣），又會怎麼樣呢？如果出了事情，耽誤了他們一秒鐘，情況會怎麼樣呢？我通常會一直這樣猜想，但問了兩個問題以後，就會認為一切都是枉然。問自己「如果當初怎樣，結果就會如何」根本毫無意義，也無關緊要，最重要的是，這樣做很殘忍。

不要質問原因，因為沒人可以給你答案。這樣做是徒勞無功，只會耗盡你的精力。有上千次的機會可以讓艾比的那次行程出現不同的結果，讓那個晴天霹靂的一天有不同的結局，但沒有一個成為現實。她們最後都死了，千真萬確，事故真的發生了。那三個漂亮的女性不會再回到我們身邊，絕對不會。我告訴自己，要盡快把這個事實塞進我厚實的腦殼裡。不要浪費時間或精力，想要知道可能會有什麼不同的結果。該發生的事情已經發生了。要拋開束縛，接受她們已經離開的事實，想出面對現實的方法，這樣才不會犧牲家庭生活。

接受親人已經離開的事實，知道做什麼都不能改變一切，這就是學習處理和面對喪親之痛的關鍵步驟。

這不是**忘掉一切**的問題。我不想忘記艾比，調適自己並不是要將她趕出我們的生活。她可能無法陪伴我們，但我很清楚，我會永遠記得她。然而，我建議各位接受親人已經離開的事實，知道做什麼都不能改變一切，這就是學習處理和面對喪親之痛的關鍵步驟。我還認為（至少對某些人來說）這是我們可以稍微掌控的東西。特雷弗和我絕對不玩什麼「如果當初怎樣，結果就會如何」的遊戲，我們通常可以辦到這點。伊莉莎白・庫伯勒—羅絲，很抱歉，我們不會踏進妳所謂的討價還價階段。我也不會憤怒，無論討價還價或感到憤怒都不會讓我們的寶貝女兒從死裡復活。艾比不見了，她已經在一場車禍中喪命，再也不會走下我們家的樓梯，穿過家裡的前門。沒有了艾比，我們的新世界變化非常大（也突然變得很可怕），我雖然不喜歡這裡，卻認為接受她去世的事實是學習在這個世界生活的第一步。喪慟研究員湯瑪斯・阿提格認為這是最好的方法：「接受死亡和痛苦的現實只是適切悲傷反應的起點，而不是終點。」[1]

嘗試去理解

艾比去世三天以後，有位朋友發了一條臉書訊息給我，想跟我分享一首改編自一九三〇年艾德加・格斯特（Edgar Guest）〈我的孩子〉（'A Child of Mine'）的詩。我們的長子艾德在艾比的葬禮上讀了這首女性版本的詩。

我的孩子

我會把我的孩子
借給你一段時間，他說。
讓你在她活著的時候去愛她，

並且在她死後為她哀悼。
時間可能是六到七年，
或者二十二、二十三年。
直到我把她叫回來以前，
你願意替我照顧她嗎？
她會用她的魅力去取悅你，
她逗留的時間應該不長。
你會保有她美好的回憶，
作為面對悲傷時的慰藉。

我不能保證她能夠留下來，
因為來自塵土的都將回來。
世間有值得學習的東西，
我想讓這個孩子去學習。

我遍尋過廣闊的世界，
四處追求真正的導師。
從擠滿生命窄巷的人群中，
我選擇了你。
你現在會把所有的愛都給她嗎？
也不會認為你辛苦養育她是徒勞的嗎？
當我喚回她、把她帶回去時，
你也不會恨我嗎？

我彷彿聽到他們在說，
親愛的主，願祢的旨意成就！
為了祢的孩子將帶來的一切歡樂，
我們甘冒悲傷的風險。
我們會溫柔護佑她，

我們會盡力呵護她，
我們感到無比幸福，
永遠感激不盡。
萬一天使呼喚她，
比我們計畫得要快得多。
我們將勇敢面對即將到來的痛苦，
並嘗試去理解。

我第一次讀到這首詩的那一刻起，就喜歡上了。奇怪的是，詩有時能夠填補人心的空缺，透過某種方式適切傳達情感。讓虛無的人生充滿意義，讓混亂的局面顯得井然有序，甚至透過可推敲的韻格讓人心安。我喜歡詩中所言，說我們從人群中脫穎而出，並且提醒我們是何等幸運，能夠成為艾比的守護者。我能體會詩的提醒，不去認為這些年來我們為她所做的一切都是徒勞的。我會將成千上萬的回憶作為「我面對悲傷時的慰藉」。這真的是一首好詩。

然而，隨著時間的流逝，我一次又一次重讀第一句和最後一句：「我會把我的孩子借給你一段時間，他說。讓你在她活著的時候去愛她，並且在她死後為她哀悼。萬一天使呼喚她，比我們計畫得要快得多。我們將勇敢面對即將到來的痛苦，並嘗試去理解。」

我就是這樣做：嘗試去理解。我們一次、一次又一次，嘗試去理解。我不再糾結事情是如何發生以及為什麼會發生。我不會讓自己那樣做，但每當我試圖理解它，認為它確實發生的時候，這句話就會浮現我的腦海。我失去艾比以後，感到空虛、渴望、困惑和難以置信。我會敦促自己，來吧！大腦，要繼續努力，迎頭趕上。但這需要花點時間，我知道要處理喪親的這種悲傷，絕對不能倉促行事。

親人死亡以後，我們會去質疑自己對世界和生活的觀點。喪慟會引發嚴重的問題。艾比走這一遭的目的是什麼？當我知道隨時可能發生這種可怕的事情時，我該如何繼續在這個世界上正常生活？人活著到底是為了什麼？心理學家認為，努力去理解、去想通這一切，就是悲傷過程的核心。接受親人已死的事實，就是一場艱苦的奮戰。

第五章

人類天生就能夠因應困境

失去所愛之人以後，**悲傷是一種正常**的自然情緒反應，而且無法避免。人只要悲傷，就會感到痛苦和飽受煎熬，這點毫無疑問。然而，我們因親人離世而傷痛，生活就得長期失序脫軌嗎？綜觀歷史，人類不都得一直面對死亡嗎？處理喪親之痛難道不是人類生存的基本技能嗎？就在艾比去世將近十八個月以後，我開始這麼認為。

喬治．博南諾的研究指出，如果你與許多悲傷過的人交談，而不是將眼光局限於那些經歷長期或複雜性悲傷的人，那麼面對死亡其實是很正常的一件事。「最重要的是，（喪親之痛）是一種人類的體驗。這是我們天生就能面對的事情，當然它不是為了壓垮我們。我們對悲傷的反應似乎要幫助我們以較快的速度接受親人離世的事實和適應這種情況，以便我們能夠繼續過著充實的生活。當然，人有復原力，並不表示就能完全化解喪親之痛，或者找到某種「關閉」狀態。即使是最有韌性的人，在喪親之後似乎也會感到些許悲傷。然而，我們能夠繼續過正常的生活，並且愛那些仍然陪伴在我們身邊的人。」[1]

人類演化是一件奇妙的事情。正如達爾文之類的演化心理學家所說，以及從達爾文之後的大批科學家所證明，人類正是因為能夠適應環境，才能在地球生存這麼久。

進化生物學家和心理學家指出，人體是不斷演化過程的結果所集合而成，讓我們能以增加生存機率的方式去捕獵、繁殖、餵養後代、交配和生活。隨著時間的推移（這裡說的是幾千年），我們的身體已經適應了這個世界，並且會根據幾個世紀和幾代人不斷變化的需求而繼續調適和改變，因此我們如今寄居的身體是由根據最好的基因藍圖歷經數代先祖進化而來的。簡而言之，我們天生就是能夠求生存，而這種天性就藏在我們的DNA之中。

在我女兒離世後的第二個禮拜，我的兩個兒子返回學校上課，特雷弗和我便向老師詢問他們的在校情況。我們會見了校長西蒙·利斯（Simon Leese），他根據數十年的學校經驗，收集了學童失去兄弟姐妹以後的反應，從中獲取自己的見解。利斯指出，他雖然不想說我家面臨的困境其實不那麼艱難，但他認為人類非常能夠去面對悲傷和化解喪親之痛，而且我們天生就具備適應環境和求生存的能力。即使面對喪女這種痛苦，我們還是能夠挺身去面對。我記得當時聽了利斯的回應感到非常受到鼓舞，這給了我們一線希望。然而，十八個月過去了，我比以往都更加相信，他那天和我們分享的哀傷概念甚少有人提起，卻是至理名言。誰都不想親人喪命，但人天生都能夠面對這種情況。

我們天生就具備適應環境和求生存的能力。

去年，我從收音機上聽到有人評論溫絲黛・馬汀（Wednesday Martin）的《我是一個媽媽，我需要柏金包》（*Primates of Park Avenue*），然後便去翻閱這本書。馬汀是社會人類學研究者，文章散見於《紐約客》（*New Yorker*）。她在書中講述身為新媽媽的她如何融入曼哈頓上東區（Upper East Side）競爭激烈的母性環境，口吻時而輕鬆，時而嚴厲。我現在知道UES（Upper East Side的縮寫，這是當地人的說法）**正是**整個地球上育兒的壓力鍋熱點，沒有通過全面的財務和個性審核，別想在當地找到公寓入住；沒有和名人搭上關係、沒有身分頭銜或萬貫家財，很難結交新的朋友；沒有當地的世襲血統，幾乎不可能讓小孩入幼稚園，更不用說讓孩子進入學校就讀；此外，為了要跟上這批堪比英國女演員麗塔—瓊絲（Zeta Jones）的貴婦，必須不斷奮鬥向上。

馬汀花了許多的篇幅，以尖銳的語氣描述這些彼此激烈競爭的母親，還有她手拿合適的手提包、參加合適的派對，並且在合適的慈善活動捐款，藉此拚命打進這些貴婦的「部落」。然而，她在書的結尾提到自己產下死嬰的悲慘經歷，也提到朋友的三歲女兒同時不幸死亡，這一切促使她反思兒童死亡會如何影響成年人的生命。她以嚴肅的語氣加以論述，並且透過嚴謹的人類學方法來探討這個主題，讓我不禁想起西蒙．利斯說過，人類與生俱來面對悲傷的能力。

選擇接受治療（只要你準備好了，那就行了）

「憐憫你的朋友們」（The Compassionate Friends，簡稱ＴＣＦ）是美國的喪兒家長網絡，每月透過小組會議和線上聊天室為超過一萬八千人提供慰藉。在艾比去世一年以後，我算好國際時差，然後登錄到ＴＣＦ的某一個線上群組。我當時很好奇，這種聊天可提供怎樣的支持。

我是第一次參加，馬上就被三件事震驚了：第一，參加聊天室的人很多（和我一樣失去兒女的父母，共有十幾位）；第二，其中有三個人正在哀悼在伊拉克和阿富汗戰爭中喪命的兒子，讓人感到非常可怕；最後，這些人陷入了極度悲傷的境地。我不應該感到震驚才對，因為他們的會議和聊天室就是讓人們交談傾聽、相互同情並提供慰藉的地方。ＴＣＦ非常明確地表示，沒有專業人員會主持會議或提供建議。

我知道花時間去表達悲傷很重要，我也知道匆忙經歷傷痛很不恰當，也無濟於事，而且很容易掉進否認的陷阱。這些上聊天室的人（跟我一樣），失去兒女還不滿兩年。在場的人在表達失落、痛苦、悲痛和憤怒時並沒有失態——他們在正確的地方做了正確的事。然而，我並不適合上這種聊天室。儘管我和其他失去兒女的父母有很多的共同點，但我發現這種環境太讓人感到無助了。我一想到要一遍又一遍經歷傷痛的事件和痛苦的感受，很快就感到恐懼。我並不是要否定聊天室或支持小組的價值（正如第十章所說，在喪親期間尋求別人的支持和同情非常重要），只是這種環境對我沒有任何幫助。事實證明，這是「我對我自己做實驗」的一個很好的例子（正如第一章所說的那樣）。我試過了，完全知道它的優點，但我根據本能，很快就知道這種特殊的策略對我沒有用處。

那天稍晚一點的時候，我讀了珊迪．福克斯（Sandy Fox）的書《在孩子去世後……創造新常態》（*Creating a New Normal . . . After the death of a child*），讓我得知莫里斯．特梅爾博士（Dr Maurice Turmel）。特梅爾是悲傷輔導員，身兼演說家和作家，他應對悲傷時，採取一種非黑即白的方式，這會引起某些人的共鳴，但毫無疑問，也會讓某些人震驚。他說道：「如果你真的想治癒自己，沒有什麼可以替代你去化解你的悲傷。有些人裹足不前，像抓住孩子一樣，死命抓住悲傷。他們不認為自己可以療癒傷痛，以充滿愛和寬容的方式懷念寶貝的孩子，不必繼續去受苦。你必須選擇去治癒自己，才能從悲傷中復原過來。你必須像殘疾人士一樣，努力讓自己康復。」[2]福克斯和我看法相同，認為我們必須幫助自己走出深淵，重新站在陽光底下。在聊天室裡一遍又一遍談論喪親之痛對我沒什麼幫助，也許我早幾個月加入就可以感到安慰，但那天我離開聊天室時，感覺比剛上聊天室時更加沮喪。我最後一想，姑且模仿哈姆雷特（Hamlet）的話：「如果要行動，就要做好準備。」。

正如馬汀所言：「我們理所當然認為，家裡只要有兩個、三個、四個、五個甚至六個孩子，不僅可以生存下來，而且家族還會興旺。孩子得了感冒、流感和水痘，病一下就會好，根本不礙事。他們還會躲過更可怕的東西，好比麻疹、百日咳和小兒麻痺症之類會讓孩子毀容、四肢癱瘓和死亡的疾病，這一切多虧了孩子接種了疫苗。我們的孩子會上學讀書，然後考上大學。他們會結婚，生育下一代。他們會讓我們無比自豪。他們會埋葬我們。這是我們幻想的人生腳本。因此，當我像上東區的人一樣日復一日地做母親時，我沒有一直謹慎或認真想過，原來為人母親和失去兒女竟然只有一線之隔。這是一件祕密，沒人知道，直到悲劇發生在我身上，我才恍然大悟。」[3]

當這件萬難想像的悲劇發生在她和她的朋友身上以後，馬汀說她從周遭的媽媽們得到莫大的支持。數千年以來，嬰兒不斷夭折，這類悲劇已成了人類生活的事實，因此她認為「母親喪兒的軟體」在這漫長的時光不斷積累，現在仍然存在於人體之內。如今已開發國家的嬰兒死亡率很低，但這畢竟是一個比較近代才有的現象，並且只是某些國家所獨有。綜觀全球，每天仍有一百萬嬰兒死亡，而且在狩獵採集社群中出生的兒童，高達四三％活不到十五歲。[4]

這種現象所造成的長期影響，是面對死亡與尋找伴侶和生兒育女一樣，屬於基本深刻的人類遺傳經驗。然而，隨著醫療保健逐步健全、我們渴望長壽，以及我們能夠延長人的壽命，我們於是將死亡視為人類（醫療）體系的失敗而憤怒不已。死亡侵犯了我們的基本權利，也違背了我們的期望。然而，我們早已忘記，死亡是人類體系中不可或缺的部分。已開發國家和未開發國家面對喪親方式有所不同，這就凸顯了上面的事實。在已開發國家中，人們彷彿感覺死亡與生活無關。馬汀寫道：「在像曼哈頓這樣的城鎮，在一個像我研究的那種上流部落裡，悲劇會以一種怪異的雙重力量襲來。首先，你會被殘酷的事實擊中腦袋，然後會被另一種迴響的痛苦再次襲擊腦袋，這時你才會恍然大悟，知道就算自己盡了一切努力，你既不受寵愛，也不安全。」[5]

當她刮開現實表面以後，發現死亡無處不在：「我認識的每一位母親，或者她的姐妹或最好的朋友，幾乎都曾失去孩子，情況之慘，無法形容。有人懷孕兩週，嬰兒就死了，有人則是撐到十二週。還有人等到三十九週，結果臍帶繞頸，嬰兒胎死腹中……保姆夜晚睡覺翻身時壓住新生兒，讓孩子活活窒息而死。兩歲的女孩在遊樂場摔倒，只是輕微跌倒，沒啥大事，好像連頭都沒撞到，幾天後卻死於腦震盪。蹣跚學步的孩子攀爬窗戶，結果跌落大樓，被車子輾斃，這種悲劇傷透了紐約市的每一顆心。還有一位一歲的孩子，被人送去市內最棒的醫院接受簡單的手術，結果卻再也沒有回家。有三個女孩被一場大火吞噬。在這裡，就在這兒，就在我們的世界裡，就在上東區，這裡原本讓人感到很安全，沒有什麼辦不到的，結果事實卻不是這樣。」[6]

無論貴賤貧富，誰都會死。死亡無處不在，它發生在所有人身上，我們所愛的人都會死去，或者已經死去。死亡既是確定的，有時又會隨機發生，讓人心生恐懼。我知道這一點之後，就可以面對艾比的死給我帶來的悲傷。我不再感覺自己怎麼這麼倒楣，這種不幸的事情偏偏發生在我身上；此外，我也不再認為我家的權利受到侵犯而憤怒。沒錯，艾比死得太太太太太太早了，是的，這不公平，對艾比、對我們、對任何愛她的人，這實在不公平。然而，否認人會死（即使認為艾比那麼漂亮，也還那麼小，只有十二歲，她連蒼蠅都不會去傷害，而且那麼願意付出，更有美好的人生），就是否認基本的現實。生活很艱難，偶然會發生憾事，無論年齡大小、成長階段、宗教信仰、居住地點、容貌面孔和健康好壞，任何人都會死亡。人們發現所愛之人死亡時，會不免咆哮：「為什麼是我？」我一聽到這句話，腦海中會浮現細小的聲音，說道：「為什麼不是你、我或她？」

面對死亡與尋找伴侶、生兒育女一樣，屬於基本深刻的人類遺傳經驗。

我在悲傷的過程中改變了對死亡的看法。我現在深信人類天生就能夠因應困境。多數人的體內都具備這種因應能力，只需使用非常不起眼的過程，也就是馬斯頓在她的作品中提到的「普通魔法」。當然，這是一個痛苦且很少是走直線的過程，有些人會比別人更容易面對悲傷。我是率先指出我能夠自我協助來完成這個過程的人，因為我掌握一些優勢，譬如：性格外向、為人樂觀、得到很好的支持且資金充足，以及擁有以解決問題為核心的應對方式，這些無疑或多或少對我有所幫助。研究證實了這一點。然而，我之所以能夠化解悲傷，其實是我接納一種人生哲學，亦即人活著，痛苦和死亡是不可避免的。為什麼是我，為什麼**不是**我？為什麼是艾比，為什麼**不是**艾比？我明白死亡、錯誤和事故會發生在我和別人身上。人的一生必定會遭遇死亡，無論是哪種文化，死亡都是普遍存在的。只要理解這一點，就能解脫，化解悲傷。讓我的腦袋去接受這種觀念花了一點功夫，但這樣的確有所幫助。

第一章指出，根據長期的研究，多數人在沒有任何醫療或治療干預的情況下都能從創傷經歷中復原。喬治・博南諾指出：「說到復原力，最吸引人的地方也許不是它有多普遍，而是我們一直對它感到驚訝。我不得不承認，有時連我都對人的復原力感到驚訝，而且我多年來一直與喪親和創傷倖存者一起合作。我對人們如何承受極端不幸事件了解越來越多就越相信，人類天生就能求生存。不是每個人都能做得很好，但多數人都可以辦到。」[7]

你要認為自己可以（並且將會）適應喪親之痛，雖然你可能需要刻意去下功夫，但你是完全有可能辦到的。最重要的是，你並非唯一要面對喪親之痛的人。

「悲傷反應」和「悲傷回應」的區別

我悲傷了很久以後才發現湯瑪斯．阿提格探討喪親之痛的著作。真希望早點發現他和讀到他的見解，因為他的作品談到悲傷的兩個不同層面的根本區別，而這是我的拼圖遊戲中所欠缺的圖塊。

阿提格傾聽了超過三十年的悲傷故事以後，認為喪親之痛會引起悲傷反應，他指的是喪慟對情感、心理、身體、行為、社會、認知和精神的全方位影響。這種反應是我們對於悲傷的直接體驗。然而，阿提格指出，悲傷不只有悲傷反應。

他寫道：「許多關於悲傷的著作說完喪親之痛和悲傷反應以後便立即收尾，好像傷慟者的故事就涵蓋了喪親和悲傷的全部經歷。然而……悲傷不僅是我們面對的死亡、喪親之痛和悲傷反應。悲傷也是我們面對發生在我們身上的事情時，所會產生的。悲傷反應是被動、毫無選擇的，而悲傷時的作為則是主動、充滿選擇的。我現在更喜歡用「悲傷回應」（grieving response）這個詞來指出我們身為完整的人，如何在情感、心理、認知、行為、社會和精神上積極參與喪親之痛和悲傷反應。」[8] 當我們適應並接受自己的悲傷反應，以及喪失親人後而改變的世界時，阿提格就將悲傷回應視為我們重新認識這個世界的過程。

我發現這種區別真的很有幫助。「悲傷反應」是發生在我們身上的事情（我們如何經歷喪親之痛），而「悲傷回應」則是我們選擇如何面對喪親之痛。「當我們準備好去擺脫讓我們陷入悲傷反應的事物，並且積極面對發生在我們身上的事情、開始面對挑戰去重新認識我們經歷的世界時，我們仍然會繼續悲傷。」阿提格如此說道，並且強調，悲傷回應就是積極參與我們的悲傷反應，以及重新參與我們周圍的世界。[9]

悲傷反應通常包括孤獨、傷心、無助和渴望，以及喪失勇氣、希望和信念，還包括讓人不安的疑問和擾人的想法、對熟悉事物的懷念，以及一系列伴隨而來的身體症狀。這些反應會發生在我們體內，就像喪親之痛發生在我們身上一樣。

然而，悲傷也是對喪親之痛和無數悲傷反應的積極反應。阿提格寫道：「我們參與自己經歷的世界中的死亡、剝奪和變化，甚至從我們對它的反應來學習和調適，還會重塑我們的日常生活模式，並且根據發生的事情來重新調整生活。我們是多維度的生命體，以此來回應：我們會運用身體能量。我們會感受和表達情緒，我們會改變動機、習慣和行為模式，我們會調整和別人的關係，我們會找回熟悉的生命意義。我們總是會去追求新的意義，並且在這個過程中改變自己。死亡、喪慟和悲傷反應不是選擇的問題。然而，積極回應是悲傷這個詞的第二種涵義，雖然構成鮮明的對比，但充滿了選擇。當我們準備就緒以後，就必須選擇自己的道路來改變喪親以後的生活。」[10]

第六章 次要損失

喪親之後，必須接受的不僅是失去所愛的人，也必須去調適並接受眾多心理學家所謂的「次要損失」（secondary loss）：所愛的人離世以後一併消失的夢想、抱負、機會、未來事件和人際關係。「次要損失」還涉及那個人在你的生活中扮演的各種角色和功能：養家糊口的人、幫你美髮的人、跟你分享小說的人、幫你打雜的人、和你打橋牌／高爾夫／網球的夥伴、幫忙回收物品的人、替你準備飯菜的人、伐木工和點火者、協助你做家庭作業的人、給你遞毛巾的人、清理汽車的人、幫忙看地圖的人、為你製作便當的人、幫你燙衣服的人、隨時清醒幫你開車的司機、幫你包裝聖誕禮物的人，以及為你遛狗的人等等。次要損失也可能是財務損失，或者失去朋友、工作或家庭。它們可能包括失去家庭單位和以前的穩定生活、拋棄信仰，甚至失去信心、不再認為這個世界安全和有保障（親人突然或遭受暴力而死以後，特別會發生這種情況）。

你失去了這個重要的人，現在變成誰了？你要把以前對他的愛給誰呢？你如何規劃未來的希望和夢想？既然他不能再陪伴你，無論你有多麼不情願，你需要學習做什麼呢？

我失去艾比以後，失去了自己的身分，整個人似乎經歷了一次性格轉變。這種情況顯然很常見。我曾經性格外向、樂觀開朗，通常面帶笑容，出事之後卻被悲傷和失落感所吞噬。這對我來說是全新的局面。我接受事實，調整自己和接受另一個次要損失，就是我不再是以前的我了。我發現自己就算參加派對也無法歡樂，興致早已消退。我只想回家，蜷縮在床上，那裡是我撫慰悲傷的避難所。我想起了《耶利米哀歌》的經文：「我們心中的快樂止息，跳舞變為悲哀。」（《耶利米哀歌》第五章第十五節）。

伊莉莎白・庫伯勒—羅絲和大衛・凱斯勒（David Kessler）寫道：「另一個次要損失是舊的『你』，也就是喪失親人以前的那個你，你永遠不會再是那個人。你沒有失去親人以前，你不能體會這種傷痛。你甚至無法想像會有什麼事情讓你感覺如此糟糕。你現在傷心欲絕，感覺新的『你』被永遠改變了、被壓碎了、整個人破碎了，再也無法恢復原狀。這些暫時的感覺會過去，但你永遠不會恢復到那個舊的『你』。剩下的是新的『你』，一個不同的你，一個永遠再也不會一樣、也不會像以前那樣看待世界的人。」這種說法真真切切總結了我的感受。[1]

我們肩負著保護孩子的責任，並且幫助他們尋找機會、追求希望和夢想，所以我們和孩子的日常互動會從各種層面定義我們的自我意識。在艾比去世的前一天，我很確定我是誰，我為何要努力工作。然而，突然之間，一切都變了。我記得在她去世後的第一個禮拜，我對一位艾比最喜歡的學校老師（她也是我家的朋友）說道：我不知道自己現在是誰了。我和布里奇特（Bridget）黃昏時在沙灘上散步，我告訴她：「上週我是三個孩子的母親，而且即將完成博士學位。但我現在不認識自己了。」她回答我：「妳永遠都是這三個孩子的媽媽。」我一聽，眼淚便簌簌地流下。我永遠是三個孩子的媽媽，當然是這樣。艾比永遠是我的小女兒，當然是這樣。但是，我仍然需要有人告訴我這點。

因此，我在悲傷時要想方設法記得我有三個孩子的這件事情。最簡單的作法是，我會刻意將老二培迪稱為是「中間的孩子」。我每次這樣說的時候，就會感到很舒服。我以前會說「兒子們」（譬如：「我必須回家，看看兒子們是否有吃飯／已經起床／已經上床睡覺／沒有去參加派對」），但我改變了說法：「我必須回家看看孩子們」。改變了一個詞，就可以不讓艾比從我們的生活中消失。不過隨著時間的推移，我逐漸放棄了這種區別，但我有好幾個月的時間認為她還陪伴著我們，這樣做對我幫助很大。

我們現在成了四口之家，感到很不能適應。我對四口之家、三口之家或二口之家毫無冒犯之意，但我們有十二年之久是五口之家，所以對這個奇數感到很熟悉，覺得這樣才完整和「正確」。一家四口太過於對稱、也太方正了，而且主要是人太少了，感覺不對。我討厭成為四口之家的一分子，怎麼樣都感覺不對勁。

話雖如此，我們正在慢慢去適應這個新的家庭型態。我清楚記得在去年復活節假期時，我們在徒步旅行之前拍了一張四人的全家照片，我發現自己很適應這種家庭模式。我們在這個新家庭裡看起來很幸福，大家都非常開心，只有我們四個人，每個人都在適應家裡少了一個人的情況。

同樣讓人痛苦的，是我們家失去了少女的感覺。我們不僅為失去性格善良的艾比而悲傷，也感嘆她不能再給我們家帶來歡樂。艾比是個十二歲的小女孩，給我們帶來了樂趣和歡笑，她會唱歌跳舞，時常咯咯笑，偶爾還會大聲尖叫。艾比在家會穿著粉色衣服，上面有亮片，還會跳芭蕾舞；她會帶朋友來家裡玩，這群女孩會穿著比基尼，把手鐲隨便亂丟、塗抹杏樹味的潤膚乳液，以及穿著蓬鬆的米色便袍，還會使用許多絲帶和髮夾，上面裝飾各種圖案，有蝴蝶和圓點花紋圖案。她們甚至會一直討論如何烘烤和裝飾杯子蛋糕，以及在晚餐時討論該如何做準備。沒有了熱情無比的艾比，計畫過生日和聖誕節的方式將會永遠改變。

自從艾比離開以後，我們一直懷念她以往的少女氣質，無論是表面上的模樣或者更深層的感覺。我們親愛的美麗女兒去世以後，我們對她的未來希望和夢想都跟著煙消雲散。無法再陪她走超市通道去找特雷弗；不能再滿懷興趣和自豪（當然也有焦慮和沮喪），看著她開展人生；再也看不到艾比帶著艾德、培迪和特雷弗看不順眼的男朋友出現；在夏天放假的時候，也看不到她穿著比基尼坐在某人強壯的肩膀上；再也不可能慶祝她畢業、幫她過二十一歲生日、陪她購買當新娘子的物件，或者在聖誕節早晨和她擁抱。這種額外的損失對我打擊很大。在這場車禍中，我也和死去的好友姐妹斷了聯繫。雖然我希望自己會在適當的時候找到新的姐妹陪伴，但與此同時，我非常想念她們以前來我們家相聚的歡樂時光。

我失去了安全感

人經歷創傷以後會產生後果，其中最主要的是身體會比較虛弱，情感上也會比較脆弱。我們最近去亞洲度假時，特雷弗竟然喉嚨疼痛，嚴重到必須深夜搭計程車去看醫生。我當時沒有多想，他就出門了，十分鐘以後，他傳給我好幾張照片，說他的計程車已經鑽進騷亂的街頭。我明知特雷弗不會遇到什麼危險，但我的腦中不知從哪裡冒出熟悉的焦慮感，讓我覺得自己大驚小怪。我（非常突然和敏銳地）感覺自己有多麼脆弱，直到我知道他已經到了醫生的診所並且看了病，我才安心下來。認為這個世界發生的事情都是理所當然的，這種想法有多麼愚蠢。

人創傷經歷以後會產生一些後果，其中最主要的是身體會比較虛弱，情感上也會比較脆弱。

一旦你面對地震後持續發生的餘震（餘震會出其不意地撼動你的世界）或者接到警察的電話（說他正要去找你），你就喪失了確定感。在任何時候，任何事情都有可能發生。

當我們知道人生無常和生命脆弱時，如何才能繼續過正常的生活，讓還存活的寶貝孩子每天走出家門呢？人喪親以後，尤其是失去小孩或者被認為「死得太年輕」的親人以後，就會感到脆弱，而這種情況特別難以應付。

社會人類學家溫絲黛．馬汀對此做出了很好的總結。她寫道自己有那種「瘋狂緊迫但合乎邏輯的感覺」，想要將其他的孩子藏起來，以免他們受到危險，甚至會「一直感到恐懼，怕孩子會被車子撞死，或者掉進游泳池而溺死。」[2]但是，學會面對恐懼和脆弱，就是復原力的其中一項基本技巧。人們經常認為，勇敢就是不懼怕，但有許多證據指出（我的經驗就支持這一點），勇敢是能夠面對恐懼，但不會被恐懼淹沒或因此而癱瘓。

喪親以後，就會感到脆弱，而這種情況特別難以應付。

自從艾比去世以後，我讀了很多書，四處尋找當代見解或古老智慧，讓我更能接受她已離世的事實，同時找到更多拼圖圖塊，讓我更能面對我的新世界。我最先讀了佩瑪．丘卓的書，找到生死之謎的兩個關鍵圖塊。它們彷彿是將我的精力指向正確方向的路標，讓我很快認同兩項佛教原則：一是「人生是痛苦的」；二是我認為的「宇宙無常法則」。我不是佛教徒，但我稍微參研了佛法，就不再失去對這個世界的信賴，也不再心生恐懼，害怕生命無常。畢竟，佛陀在二五〇〇年前便教導信徒「苦、集、滅、道」，因此他所教導的一定與悲傷有關。

人生是痛苦的，而大部分的痛苦來自於人執著於永恆的幻覺，了解這點便可化解悲痛。我知道苦難是人生必將面對的事物，也知道沒有什麼是永恆不朽的，這樣便能度過每一天、專注於此時此地、不去擔憂未來、盤算自己還能活多久、兒子們能健康活多久，以及特雷弗還有多少年可活。我正在學著去理解這種焦慮只會帶來更多的痛苦，而且我也要承認自己完全無法掌控無常的生命。正如達賴喇嘛所說：「在佛教社會中，死亡一直是善行和聰慧行動的主要推動力。探索死亡不是病態，而是要從恐懼中解放出來。」[3]

博南諾對失去親人的配偶進行的縱貫研究也顯示，人們對死亡的看法與他們如何應對喪親之痛有密切的關係。[4] 博南諾和他的團隊在一九八七年至一九八八年之間採訪了來自底特律地區一千五百三十二名已婚男女的機率樣本，研究了範圍廣泛的變數，包括這些人的世界觀、社會支持、家庭、幸福感和憂鬱症診斷（喪親之前），然後在隨後的三波評估中追蹤喪親的受測者，特別去評估他們在未來五年的社會心理調整和復原力。從受測者對「死亡只是人生的一部分」和「我認為擔憂死亡毫無意義」的陳述反應，便可預測他們面對悲傷的能力。博南諾指出：「幾年前說他們不擔憂死亡或普遍接受死亡的人，正是那些在配偶去世時最能面對喪慟的人。」[5]

在艾比去世以後，我發現有兩個最難處理的層面，一是我感到自己非常脆弱（擔心以後可能會發生壞事），二是我原本熱切期待艾比未來的人生發展，但這種期待卻硬生生從我身上被奪走。我深切了解「次要損失」是真實存在並且值得我去關注，這樣就對我有所幫助。當我知道它們以後，我就了解我的損失牽扯到許多層面，也幫助我理解自己的悲傷有許多不同層面和範圍。寫下這些損失也會有所幫助，因為這樣可以強迫我去承認它們，同時考慮它們造成的影響。我寫作時喜歡以某種結論來收尾，所以我會制定因應計畫。然而，次要損失很讓人討厭，因為它們是逐漸暴露出來的，這樣會打亂我的計畫。有些次要損失可以實際去處理；其他的損失則讓我非常痛苦，必須去忍受它們。我還在學著如何去因應這些次要損失。

練習找出次要損失

當我們所愛的人去世時，我們還必須接受因為他們死亡（主要損失）而附帶發生的其他「次要損失」。

你必須應對哪些次要損失？想想看，對你來說，以下哪些是次要損失：

- 財務損失或收入變化？
- 失去情感支持？
- 失去常規生活？
- 失去了特殊的友誼？
- 失去了什麼實質的東西？
- 失去了信仰？
- 是否有某些社群或團體在主要損失發生以後便不再出現？
- 你失去自信了嗎？
- 你不知道自己是誰了嗎？
- 你是否喪失人生的目標或方向？
- 你未來的希望和夢想呢？
- 你沒有了安全感嗎？

• 你的家庭角色和職責發生了怎樣的變化？

圈出三個最能引起你共鳴的選項，或者寫下你想到的次要損失。你可以和誰談論這些損失？誰能知道它們的重要性並且願意支持你？如果你不想談論它們，可以將你的想法寫在紙上嗎？或者，你是否願意透過電子郵件和有同理心的人一起討論？當你體認更多以後，就能逐漸去制訂因應這些額外損失的策略。你也要讓別人知道他們可以何時以及如何去幫助你。

第七章 正向情緒

探討悲傷和哀悼的書籍和網站提供了大量關於負面情緒的訊息，叫人去感受這類情緒，不要壓抑它們，還說它們對悲傷非常重要。當你所愛的人死去時，你無法去愛人，也不得不經歷某種程度的負面情緒。

然而，傳統的喪慟研究並沒有解釋正向情緒在生命的各個階段和各種層面的轉化力量，尤其是當我們失去親人而悲傷的時候。悲傷文獻會告訴我們，經歷和分享負面情緒是化解悲傷的關鍵，但通常不會去提到此時體驗和分享正向情緒的重要性。這主要是出於無知，因為學者通常不喜歡考量他們專精領域以外的研究結果。因此，儘管在過去三十年裡，心理學界積累了大量證據，詳述正向情緒對心理健康至關重要，[1] 但多數在《死亡國際》（*Death International*，你沒看錯，這本最前衛的喪慟雜誌就是取了這個名稱）發表文章的研究人員都尚未進行這項重要且相關的研究。

不要低估此時體驗和分享正向情緒的重要性。

我們所知道的是，幾千年來，所有的情緒對人類生存都是至關重要。它們就是心理學家所說的「適應性」（adaptive）。也就是說，情緒之所以會進化，是因為它們幫助人類以特定方式做出反應和適應。例如，多數人都知道戰鬥（fight）或逃跑（flight）反應。當人遇到危險或感到憤怒時，就會引發這種反應，調動所有的心理和生理資源去專心面對威脅，從而提高生存的機會。由於這種對情緒的反應增加了我們生存的機會，因此這種機制在人類數千年的演化過程中一直存在。

雖然大家都知道人有戰鬥或逃跑的本能，但直到最近人們才稍微了解正向情緒的適應功能。一九八〇年，美國心理學家拉撒路（Lazarus）、坎納（Kanner）和福克曼（Folkman）提出，當人面對逆境時，出現正向情緒可以讓心靈稍微喘息、能夠持續去因應不利情況，以及恢復因為壓力而減少的關鍵資源。[2]

北卡羅萊納大學（University of North Carolina）心理學系教授芭芭拉・弗雷德里克森（Barbara Fredrickson）是正向情緒領域的頂尖研究者。她耗費畢生心血，就是要確定正向情緒在人類演化中扮演的角色。換句話說，我們為什麼擁有這些情緒？它們如何幫助人類適應和生存？她因為提出「擴展與建構」（Broaden and Build）理論而在心理學界廣為人知。這項理論指出，正向情緒讓我們拓寬視野並找出更多解決方案和創造力，來發揮它們關鍵的適應性目的，並且隨著時間的推移，正向情緒會建立我們的社會、智力、心理甚至身體資源。從本質上來說，正向情緒不僅是讓我們感覺良好，它們其實會使我們做得很好。

芭芭拉的研究得出了一些重要的發現，而這些發現是與悲傷有關的正向情緒。例如，這些正向情緒轉瞬即逝（就像任何情緒狀態一樣，喜悅、感激、興趣、敬畏和滿足的感覺通常只會持續幾分鐘）。與（我們很容易注意到的）負面情緒相比，正向情緒沒有那樣強烈，也不會那麼引人注目，然而，它們後續也會產生非常重要的結果，對生死至關重要。這些包括與人建立友誼、對婚姻感到滿意、獲得更高的收入、身體更健康和變得更長壽。[3] 有人近期回顧大約三百項研究以後得出結論，正向情緒在促進成功和健康方面發揮關鍵作用，因為人有正向情緒，就表示他們成功順遂和身體健康。[4]

此外，芭芭拉還證明經歷更多的正向情緒對於復原力非常重要。她說道：「人面對艱難時幾乎都會變得消極，這是不可避免的。如果不加以控制，狹隘的消極心態會讓你陷入惡性循環，進而耗盡你的生命。然而，即使不可預見的力量將你拖入深淵，你也可以選擇不同的道路。」[5] 擁抱正向情緒可以讓你擺脫負面情緒，讓你不再受到挾制。她的研究指出，正向情緒仍然是人類機能的一個重要層面，因為它們能讓我們打開心靈和思想，尋求更多的可能性。當我們體驗正向情緒時，就更能發揮創造力去解決問題，我們確實會看到更多條路擺在眼前，因此可以獲得更多的解決方案。此外，正向情緒也會改變我們的觀點。芭芭拉接著說道：「每個人都能擁有驚人的韌性。其實，這是人與生俱來的權利。你可以彎曲但不被折斷。即使在你最不清楚狀況時，你也可以反彈。好消息是你已經具備了反彈所需的能力……你只要經歷歡樂、愛戀、感激和發揮靈感的時刻，就能重新獲得觀點，消除負面情緒的盲點並阻止惡性循環。我發現正向／積極性是人類復原力的核心。」

正向情緒不僅是讓我們感覺良好，它們其實會使我們做得很好。

芭芭拉指出，九一一恐攻事件之後，全美都處於創傷後的狀態，她起初還懷疑自己的研究能否發揮作用。正向情緒在這種環境裡能占據什麼樣的地位？然後，根據她隨後發表的研究數據，正向情緒讓人面對創傷時有所依靠，於是她深受鼓勵，便更深入研究正向情緒和復原力之間的關聯。芭芭拉和她的團隊先前已經測量了一百多位大學生的復原力水平。她現在想知道是否可以找到相同的受測者，然後測量他們在九一一事件後的正向情緒和復原力水平，藉此了解正向情緒是否有助於他們應對恐怖襲擊及其後果的影響。芭芭拉和同事將這些學生召回，要求他們描述自九一一事件以後，因為襲擊而經歷過壓力最大的情況，以及他們多久會感受到各種正向情緒和負面情緒。然後，芭芭拉和同事測量了學生們的復原力，以及他們的樂觀、平靜、生活滿意度和憂鬱症狀。他們的發現對於經歷過創傷的人都具有重要的意義。

那些在九一一事件以前的初始調查中，於復原力得分很高的學生確實在恐攻事件發生後展現更強的韌性，[6] 他們出現最少的臨床憂鬱跡象。更重要的是，他們之所以韌性十足，擁抱正向情緒是箇中祕訣。芭芭拉和同事發現，更高水平的正向情緒與韌性應對方式之間存在很強的關聯。「能夠反彈的人不會去否認或表現得很自私……他們會痛苦和擔憂，但也會體驗正向情緒。這些堅韌的學生和別人來往時會感到快樂、關愛和心存感激……也許他們看到當地社區和全球各界湧現的團結和同情心而感到鼓舞和驚訝。儘管時局艱難，現實嚴峻，但他們或許對正在發生的世界大事深感好奇，並且對未來充滿希望。」[7] 無論正向情緒起源於何處，學生能夠體驗它們才會導致不同的結果，如此才能有效遏止負面情緒蔓延，讓他們得以迅速反彈。

沒錯，參與這項研究的學生並沒有看到恐怖分子攻擊世貿雙子星大樓的情況，而且據我們所知，他們並不悲傷。話雖如此，根據芭芭拉的研究，即使我們經歷壓力和負面情緒，我們還是會有正向情緒，無論這種正向情緒有多麼短暫，也無論其來源如何，它們對於我們的復原力來說是至關重要的。此外，研究指出，消極性和積極性可以同時並存，對於我們這些悲傷的人來說，這也是一項重要的發現。

在芭芭拉發表這項研究以後過了幾年，其他學者也得出類似的結論。在恐攻事件發生後的六個月內，博南諾運用調查數據以及對大量具有代表性的紐約居民樣本（二千七百五十二名受測者）進行深入採訪，結果指出，有朋友或親人於九一一事件中遇害的三百九十二名受測者之中，五四%被評估為具有韌性。[8] 同樣地，正向情緒也被證明可以打斷和減少悲傷寡婦遭受負面情緒的影響；[9] 研究還表明，許多較為年長的受測者在喪親期間會經歷正向情緒。歐恩（Ong）、伯格曼（Bergeman）和博克（Boker）最近做了一項研究，調查了三百名六十歲至九十歲之間的老年人日常數據，結果得出了相同的結論：與復原力低的受測者相比，復原力高的人說他們每天更常參與和反應積極的事件。[10]

我們仿效科學研究，一旦確定兩者存在關聯，就會進一步去找出原因。在《正向心理學新聞日報》（*Positive Psychology News Daily*）的線上悲傷專欄中，我的朋友兼同事凱瑟琳·布里頓（Kathryn Britton）探索人在喪親期間體驗正向情緒和維持重要人際關係之間的聯繫，從中討論運作中的潛在機制。她寫道：「博南諾將哀悼描述為人在悲傷和其他情緒之間的來回搖擺，這裡的其他情緒通常是正向情緒，包括關愛、幽默、好奇和敬畏。我的經驗是，悲傷就像波浪，先升到高峰，然後滾滾而去，有時會冷不防地強烈襲來。然而，在沒有感受悲傷的期間，我經常會笑，講很多故事，還會回憶離世親人生前的奇妙事情。」[11] 在過去的五年裡，布里頓有六位直系親屬死亡。

她繼續描述自己的理論，指出正向情緒為何對化解悲傷很重要：「我們聽到所愛的人做過的蠢事而發笑，我們懷著愛意回憶他們，我們懷著驚訝之心情討論他們的正向性格，我們與其他的哀悼者有新的經歷，從而帶來正向情緒。人們過去認為，人在悲傷時出現正向情緒是一種否認的跡象（否認是庫伯勒—羅絲的其中一個悲傷階段）。博南諾和凱爾特納（Keltner）在他們的喪慟研究中發現，人在失去配偶後的幾個月裡笑得越多，在喪親兩年後的心理健康評估就會表現得越好。

「也許這就像呼吸空氣一樣。或許，這樣還可以緩和喪親者周圍的氣氛，讓別人更願意陪伴他們。因此，也許正向情緒有助於他們持續和他人社交聯繫。我身為那些喪偶和喪親者的朋友，當然希望他們需要悲傷時能夠去悲傷。然而，當我們可以一起歡笑時，我也感到如釋重負。」

「因此，不要認為悲傷一定有五個固定的階段，而是要將悲傷視為傷痛和其他情緒之間的來回擺盪，而這些情緒通常是正向的。情緒振盪可能會在一天中頻繁發生。悲傷讓我們得以去適應喪親之痛。其他的情緒則讓我們能夠與周圍的世界互動。」

人要悲傷卻又不妨礙身心健康，就得經歷各種情緒。我當然不是說要你在喪親之痛期間將所有的憤怒、悲傷、內疚和焦慮降到最低，這樣做毫無意義。有韌性的人會經歷各種情緒，只是不會陷入某種情緒而難以自拔。

哈佛大學心理學教授塔爾・班夏哈（Tal BenShahar）說道：「說來矛盾，如要想更加快樂，首先就得接受痛苦的情緒，認為人難免會有痛苦。你知道，有兩種人不會有焦慮、失望、悲傷或嫉妒等情緒；有兩種人不會經歷這些讓人痛苦的情緒。他們是精神病人和去世的人。因此，如果我們有時會經歷痛苦的情緒，這其實是好現象，表示我們沒有發瘋，我們也還活著。讓人感到矛盾的是，當我們讓自己成為人，去體驗各種情緒時，我們也會敞開心扉，擁抱正向的情緒。」[12]

有韌性的人會經歷各種情緒，只是不會陷入某種情緒而難以自拔。

充分表達情緒是保持韌性的重要環節。我不是說你要假裝很正向積極，而是要找到能夠激發你正向情緒的人、地點和活動。我們知道，人悲傷時會充滿負面情緒；我們希望透過正向情緒來求取平衡。正如我的朋友伊萊恩・奧布萊恩博士（Dr Elaine O'Brien）所說：「我發現在悲傷期間去想到『適當的情緒』會更容易，也更讓人感到寬慰。我有一個朋友，他很天真，經常問我：『有什麼好事啊？』我不想潑別人冷水，但有時候聽到他這麼一說，整個人就會抓狂。當我覺得快被事情壓垮時，很難去裝出一副好臉色。我有時會更加誠實，真正去擁抱悲傷和痛苦。我就是心情不好啊！假裝快樂其實感覺很糟。當你感受任何情緒時，不要去評判好壞，只管去接受它，這樣會感覺更為踏實。」[13]

博南諾在他的書中指出，人的情緒會演化，部分原因是我們要向別人表達情緒，藉此激發周圍的人做出必要的反應。博南諾指出：「我們表達情緒時……其實會讓數百個單獨肌肉做出動作。為了演化出如此複雜的系統，面部表情一定對生存具有很大的價值。」[14]例如，人做出厭惡的表情，就是叫別人閃遠一點（從而讓他們遠離有毒食物或有害氣體）。那麼，悲傷會有什麼價值呢？根據演化心理學家的說法，悲傷有助於人去適應喪親之痛：將注意力集中在體內，就能夠評估情況和重新調整，促進更深入且更有效的反思。從本質上來講，悲傷會強制時間暫停，因此演化出悲傷的好處，就是讓別人來關心我們。深刻且持續的內省，伴隨著簌簌淚水，便可清楚向他人發出信號，表示我們需要他們幫助才能夠生存。人的適應行為是不是很聰明？其他喪慟研究人員認為，只要增加一點正向情緒，就可以帶來好處。[15]

從實際的角度來看，先列出所有的正向情緒，這樣就會有所幫助，讓我們發現正向情緒有這麼多種。體驗正向情緒不僅是等同於快樂，還包括出現好奇心、表現幽默和關愛；此外，還有感到自豪或敬畏、充滿希望、受到激勵和表達感激，以及像平靜之類更穩定的情緒。

下面講述我在悲傷期間發現的正向情緒。不妨想一想每種情緒可以如何幫你度過悲傷的日子。你經常會經歷哪些正向情緒？你可以刻意尋找和培養哪些正向情緒？

好奇心

女兒死後，我花了一段時間才出現好奇心。在第二年的某個時候，我開始閱讀，就是不停讀書。我拿到什麼就讀，以此描述和解釋我經歷的事情，我想知道自己如何以及為何會情緒、疲倦和健忘混合交融。我讀了學術期刊、自助書籍、個人記述、詩歌選集、一整本收錄悼詞的書籍、部落格、各個心理學系的網站、論文、報紙和雜誌文章。

我因為有好奇心而能適當了解自己的喪親經歷，因此感到安心。

我猜想我是在尋找答案。我想了解發生在我身上的事情，以及（當然）它會持續多久。然而，我很快就感覺這種好奇心是有幫助的。試圖了解我的頭腦和身體內部正在發生的事情是有好處的，它讓我不去想我要發瘋了，而閱讀別人的經歷，發現他們和我有很多相似之處，就讓我感到安慰。我開始意識到我不是孤身一人，而是走在一條前人走過的老路上。我的一切感受和所做的一切都是正常的。我因為有好奇心而能適當了解自己的喪親經歷，因此感到安心。

你對什麼感到好奇？
你想進一步了解什麼呢？

自豪

我在過去幾個月裡感到很不愉快，但我有時會無比的自豪，感覺自己的心就快要炸裂了。我知道這聽起來很無聊，但當我環顧四周，看到別人在為我們做事，儘管女孩已經死去，所有人還是繼續奮鬥，我的心口周圍便有一種膨脹的感覺，幾乎讓我感到疼痛。我的兩個兒子雖然面對困難，仍然積極做事，即便失去了妹妹，依舊繼續過著美好充實的生活，我為他們感到驕傲。我的大家庭展現了同理心和給予無比的關愛，他們同情和體貼我們，我也為他們感到驕傲；我的當地社區立即協助我們，不斷安慰和鼓勵我們，不會說時間到了就撒手不管，我為他們感到驕傲。我因為自豪而注意到身旁的人，並和他們更緊密地聯繫。我看到兩個兒子和特雷弗堅強活著，我也備受鼓勵而繼續向前邁進。

在你的生活中，什麼讓你感到自豪？

如果你停下來想一想，過去幾個月裡誰讓你感到自豪？

你自己呢？你有什麼成就或克服了什麼，讓你引以為傲？

敬畏

二〇一四年九月，我們去澳大利亞海岸度假一週。我和特雷弗某天走到美麗的拜倫灣（Byron Bay）的燈塔前，看到一群鯨魚在海中潛水和上躍。我們站在那裡，呆住了片刻，盯著這群鯨魚，把生活想像成一頭鯨魚，嗯，至少我是那樣想的。我倆並肩站在那裡，無法將目光從鯨魚身上移開，渴望再有機會看到牠們俯衝入水和衝破海面上躍，我們討論了這種令人敬畏的經歷會如何影響我們的復原力。我問特雷弗，如果正向情緒能拓寬心智並塑造我們，那麼當我們感受敬畏時，它是如何起作用的？他回答，在自然棲息地觀賞鯨魚讓我們感到自己很渺小。牠們體型巨碩，力大無比，身處我們未知的世界，相比之下，我們的世界顯得渺小且無足輕重。心存敬畏就拓寬了我們的視野。

他說得沒錯。我看到這些巨型哺乳類動物，就想起自己是一個更大宇宙的一部分。有比我們自己和我們的生活問題更大的事物，而我們只是其中的一小部分。類似的事情發生了。在我女兒去世幾個月以後，我突然很想去爬山，去看紐西蘭阿斯帕林山國家公園（Mount Aspiring National Park）的羅布羅伊冰河（Rob Roy Glacier）。我的朋友馬里恩（Marion）和我走過結冰的小路，爬過岩石，最後抵達山頂。我們凝視著周圍的冰河和古老的山脈，然後就哭了。我們說，生命十分巨大，浩瀚無垠，深不可測，廣闊無邊。不知何故，我們站在山頂，人就感覺好多了。

你最後一次感到敬畏是什麼時候？

哪裡能讓你充滿敬畏？

希望

我要撰寫關於希望的文字時，感覺胸口發緊。希望能夠點燃讓我們向前邁進的燃料。有另外兩個字「絕望」，它們說明了一切。艾比死後，我第一次感到絕望。我在第一週的某天早上醒來，震驚地發現自己竟然在想：「我不想活了。」我原本總是會感激人生的所有美好事物，所以這可能是我最沮喪的時刻。

「希望」加強了我向前邁進的決心和毅力。

我不清楚什麼東西讓我充滿希望，但我知道我不會放棄它。當我回顧第一年寫的部落格時，可以清楚看見希望的曙光。例如，我希望兩個兒子「有一天會娶到優秀、有愛心、願意分享心情的女人」。最近，我又獲得一種新的希望。我研究新的喪慟科學，從湯瑪斯·阿提格等人的網站閱讀別人失去親人的故事，這些都讓我重新燃起希望，能夠熬過讓人痛苦的喪親過程。[16] 我們永遠會關愛或想念艾比，但我們也會學習去忍受失去她的痛苦，繼續過著充實美滿的生活。我充滿希望以後，更加堅定要向前邁進，並且對我的人生的憎恨要比二〇一四年六月的那一天少得多。

最糟糕的事情已經發生，你現在抱持什麼樣的希望？

激勵

激勵讓我得以繼續前進。我聽完別人分享他們經歷過的可怕事件以後，就飽受激勵，可以繼續日復一日往前走。查尼和紹斯威克進行多次訪談以後發現，擁有一個榜樣，甚至多個榜樣，就是提升韌性的關鍵因素。「人可以在生活中找到榜樣（比如父母），甚至可以將不認識的人視為榜樣，只要他們能夠鼓舞人心並經歷過類似的事情。

我們從戰俘那裡聽到許多這類訊息，他們被關在監獄裡時會以其他的囚犯為榜樣。許多人本可被提前釋放，但他們說，除非我們一起獲釋，誰都不會先離開。」[17]

我為了撰寫本書而四處研究時，偶然發現了許多鼓舞人心的榜樣，這些人給了我繼續前進的力量。其中之一是現代寡婦俱樂部（Modern Widows Club，簡稱MWC。網址：www.modernwidowsclub.com）的創辦人卡羅琳．摩爾（Carolyn Moor）。卡羅琳和丈夫在二〇〇〇年情人節時的晚上出外用餐，開車返家被汽車撞了，她的老公當場殞命。卡羅琳之後便創立了現代寡婦俱樂部，這是一個由寡婦組成的社群，旨在彼此打氣，讓她們「融入生活，培養韌性，釋放潛能，進而造福世界。」

二〇一一年時，只有三位寡婦在卡羅琳的佛羅里達州家裡會面，但是日漸發展下，到了二〇一五年已經擁有三千名會員，俱樂部的臉書也有超過一萬二千人關注。我們受到激勵以後會繼續前進，繼續嘗試，因為我們知道別人也曾痛失親人卻仍然勇敢活著。

誰激勵過你？

你聽過哪些對你有幫助的故事？

感激

心存感激，便能專注於我們所擁有的，而不會只定睛於我們所失去的，從而幫助自己面對悲傷。即使艾比不在了，我也要感謝很多人和事。首先，我要感謝還在人世的家人。我要感謝特雷弗、艾德和培迪，謝謝他們讓我有目標，可以勇敢活下去。此外，我還要感謝他們給我的愛。我親愛的朋友莎莉雖然已經離世，但我很感激自己仍然能夠繼續活著。她生前美麗大方、個性隨和、為人慷慨，我決定要效仿她，讓這些美德流傳下去。我每天早上醒來時看到特雷弗還活著，能夠多陪伴我一天，我就心存感激。我很感謝我的家人和朋友們，謝謝他們在我女兒去世後的最初幾天、幾週和幾個月裡為我們所做的一切。我很感激他們這麼有耐心且願意和我們一起熬過這段漫長的時日。他們從不抱怨我們復原得太慢，也從不期望我們「不在乎」逝去的艾比，或者從此不再想念她。

心存感激，便能專注於我們所擁有的，而不會只定睛於我們所失去的。

我心懷感激以後，就能輕易地從更廣泛的角度審視自己的生活，既會懷念艾比，也會關注兩個兒子。當我感覺日子平淡無奇、什麼都不想做時，我就會想到莎莉死了，但我還活著，於是就心存感激而有了動力。莎莉已不在人世，我怎麼能不去博爾德灣（Boulder Bay）走走、和朋友一起喝酒閒聊，或者準備一頓大餐讓家人品嚐呢？這樣一來，我會成為什麼樣的朋友？偶爾，我會在口袋裡放三塊石頭（紐西蘭河流上找到的古老石頭），提醒我那天感激過哪些事情。我心懷感激以後，就能迫使自己超越愛恨，接受自己失去某些東西的事實。

你要感激什麼？

你要感激誰？

平靜

我在女兒死後的日子裡，並不容易讓心情平靜。我的腦海思緒混亂，彷彿滿屋子都是人，思想和情感彼此碰撞，還要做出許多決定，根本無法感到平靜。然而，我只要躺在床上，把自己關在房間裡，拿起一本書來讀，戴上耳機聽音樂，或者開車送別人回家，我的確能享有一些寧靜時刻。即使身陷混亂之中，我的大腦還是渴望寧靜，於是不斷重複浮現一首我喜歡的古老讚美詩：「在狂風，烈火，地震中，聽主寧靜微聲。聽主寧靜微聲。」這些話一直在催促我在混亂中尋找寧靜與平和。

你在哪裡可以找到平靜？

你必須做什麼才能讓自己獨處五分鐘？

幽默

特雷弗一直都很幽默，我很高興他非常幽默。我從來不會因為自己發笑而感到難過，即使是在我們得知艾比去世後的最初幾個小時裡，我也沒有這種感覺。我們當時坐在警車的後座，驅車五個小時前往醫院去確認女兒的身分。特雷弗、艾德、培迪和我說了我那美麗女兒的故事，說她以前讓我們多麼開心、做事有多麼可笑，以及她多麼讓人生氣。誰說永遠不可以說死者的壞話？我們笑了又笑，說她有多麼煩人，不想吃東西時會把食物推到盤子四周，還會可憐巴巴地梳理打結的頭髮，而且她很容易受男孩子引誘，以及她生氣時會如何皺起臉來。她會當場編舞，隨便亂跳，卻又謊稱她是練習過好幾個小時才這樣跳的。

不難看出歡笑如何在我們面對悲傷時將我們和他人聯繫起來，它讓我們把女兒記得更牢固，也拉近了我們的距離。現在甚至有人提出很好的證據，解釋為什麼我們有時會發現自己在不恰當的時候發笑，也就是在別人死亡時發笑。適當的咯咯笑（心理學家稱之為「杜鄉的微笑」〔Duchenne laughter〕＊）已被證明可以讓失去配偶的人不那麼憤怒，還可以增加樂趣、改善人際關係，以及從痛苦中解脫。在喪親之痛的頭兩年，談論喪親時會真誠發笑且更願意笑的人與不這樣做的人相比，更能適當地面對喪慟。[18]

我的女兒去世幾個月以後，我受邀去參加當地一所學校舉辦的「假唱」（LipSynch）[†]之夜。我知道這是一齣舞台表演，我不必整晚忙著和社區的人交談，只要觀賞表演即可，所以我就去了。我之所以參加還有另一個原因，因為我知道這會是一個有趣的夜晚，開懷大笑總會對我有所幫助，讓我跳脫頻繁出現的強烈負面情緒，從中得到一些喘息的機會，並且讓我多感受一下正向情緒。

哪些朋友還能讓你開懷大笑？

哪些電影、podcast 或電視節目能讓你開懷大笑？

愛

在我們感受喪親之痛時，總是會感受到愛。畢竟，喪慟就是一種愛，也就是你對死者的愛。你對他們的愛還在。當然，愛的偉大之處（它進化的目的）是它能讓我們與他人聯繫起來。我們只要感受到愛，就會伸出援手、包容他人和超越自我。愛拓寬了我們的視野，幫我們建立了社會資源。當壞事發生時，我們要依賴自己的社交網絡和資源。艾比去世以後，我發誓要傳遞出更多的愛。

＊譯註：這是發自內心的笑容，不僅嘴角會上揚，也會出現眼部魚尾紋。之所以稱作為杜鄉微笑，乃是為了紀念當初發現這種微笑的法國人杜鄉（Guillaume Duchenne）。

†譯註：演員對著口型來表演。

尋找正向情緒的練習

負面情緒往往會徘徊不去，但正向情緒卻轉瞬即逝，而且經常被人忽視，所以尋找正向情緒會有很多收穫。各位別誤會我的意思：我並不是說當你長期飽受憂鬱困擾時，你要因為自己不想去聽相聲而自責。我的建議是，當你有這些正向情緒時，要試著去認出它們，並且留意能夠體驗更多正向情緒的機會。

我開始認為，要經歷正向情緒，就像是投資（也就是要先存款）到我的心裡存錢筒。說句實話，我現在經常遭到負面情緒突擊，每天都會有這種情況，有時甚至是每小時會感到一陣陣的悲傷和擔憂。我知道自己的資源不斷消耗，因此會去補充睡眠和正向情緒來挹注自己的資源。它提醒我要挪出空間，讓正向情緒可以出現，像是抽空去探索讓我好奇的事物、擁抱幽默感、感受宣洩情緒的笑聲、利用寧靜時刻平靜思緒，並且為美好的事物而心存感激。以敬畏的心仰望天空、感受周遭的天氣、欣賞月亮，以及低頭看毛毛蟲和雛菊。我們會有這些情緒都是有原因的，要去重視並感受它們。

看看下面列出的正向情緒，花點時間想一下可以在哪裡以及如何找到這些正向情緒：

正向情緒	在哪裡？	什麼時候？
好奇心		
自豪		
敬畏		
希望		
激勵		
感激		
平靜		
幽默		
愛		

促進正向情緒的兩種策略

1. 品味過去、現在和未來

弗雷德・布萊恩（Fred Bryant）是研究品味的頂尖社會科學家。所謂品味，是能夠產生、加強和延長樂趣的思想或行為。布萊恩指出：「能夠以減少痛苦的方式去因應負面事件，並不能保證也能以促進幸福的方式去體驗正面事件。」[19] 換句話說，善於應對並不足以獲得快樂；人要幸福，就要能夠欣賞生活的美好時刻。

品味可以讓我們從正向經驗中獲得更多的回報，部分原因是它可以在三個不同的時間範圍內進行：我們可以回憶過去的某個事件（與所愛的人一起度假，和對方共享歡樂的時刻）；我們現在可以更加專注，依靠五官去享受美好的體驗；我們可以預見未來（幻想或夢想即將發生的事件）。根據布萊恩的研究，品味是產生正向情緒且讓人更加樂觀的有效方式，而且懂得品味的人將更有自信、更為滿足，更少感到絕望和顯得神經兮兮。

2. 主題標籤

我會關注凱倫・瑞維琪的IG，經常看到她發布貼文，談論她心存感激的時刻。我記得她提過消極偏見（negativity bias，人天生就會去注意壞事，比較不會去留意好事），而我很喜歡她有#主題標籤的帖子，這些貼文鼓勵我們去「尋找好事」來克服消極偏見。瑞維琪和同事與美國陸軍一起推動「士兵和家庭全面適應」（Comprehensive Soldier and Family Fitness）計畫，旨在促進正向情緒、讓人心懷感激和保持樂觀，而主題標籤就是她們使用的一種技術。

它是從美國心理學家馬丁・塞利格曼（Martin Seligman）、特雷西・斯蒂恩（Tracy Steen）、南蘇克・帕克（Nansook Park）和克里斯托弗・彼得森（Christopher Peterson）設計的一項練習演變而來的。在這項練習中，上述的心理學家要求受測者關注他們一天中發生的三件好事，以及留意他們在這些好事中所扮演的角色。這項研究的結果令人震驚，在長達六個月以後，那些被分配到要做三件好事的受測者說自己感到更為幸福，憂鬱症狀也減輕了。養成注意生活中美好事物的習慣，有助於促進日常生活中的正向情緒。

第八章

分散注意力

在艾比死後的第一年，我很想念她，想到幾乎快要發瘋了。我醒來時就會想到她，沒有什麼具體的原因，也沒有什麼特別的理由，只是深深了解她已經不在了，她已經永遠離開了，那是一種死寂，一種在內心深處折磨我的渴望。我過去常常在腦子裡玩遊戲來解決這種情況，我不會一直想念艾比，而是會把注意力轉移到我的兩個兒子身上（他們還活著，真是讓人難以置信）。**他們**現在在幹什麼？**他們**最喜歡怎樣的衣服，**他們**對這個或那個有什麼看法？**他們**看起來怎麼樣？**他們**聞起來有什麼味道？其實，我是試著將腦海中盤旋的關於艾比的問題轉移到兩個兒子身上，只是為了讓我擺脫對愛女的迷戀，但這讓我筋疲力盡，感覺很不自然，讓我覺得自己發瘋了。我撐不到一分鐘就放棄了，覺得這樣做根本沒用。讓人沮喪的是，我根本無法以一直想著艾比的方式去想兩個兒子和他們的生活細節。

這種沉迷於消極想法並在腦海中反復咀嚼的習慣被心理學家稱之為「反芻思考／芻思」（rumination）。反芻思考的時間很短暫時會很有用，可以幫助我們整理思緒，弄清楚哪裡出了問題，以及將來該如何避免出現類似情況。然而，當我們長時間反芻，一遍又一遍思考同樣的問題時，這樣便是無益的。長期反芻思考會放大負面情緒，加劇痛苦，而且很少能有效解決問題。

面對如此無止無休的反芻，我不得不尋找其他事情來分散注意力。工作會有幫助，跟別人在一起並談論其他的事情也會有用。當我一直思念艾比和渴望見她而喘不過氣來時，我會聯絡朋友或同事，要求跟他們見面，或者出去遛狗，花個十分鐘喝咖啡並順道休息、或是打電話討論事情等需要我全神貫注的工作。只要能讓我不再回想以前就行，好讓我的大腦休息一下。

因此，當我讀到一篇學術論文以後感到很高興。那篇論文指出：「因應悲傷是植根於日常生活的，其中包括脫離悲傷的情緒，好比看好看的電視節目、讀書、和朋友閒聊或睡覺。」[1] 瑪格麗特・斯特羅布（Margaret Stroebe）和亨克・舒特（Henk Schut）是提出這篇論文的研究人員，他們將悲傷視為一個雙重過程，人會在其中前後搖擺，有時會面對悲傷，有時會避開悲傷來喘息一下。雙重過程指的是這種在對抗和迴避之間的搖擺，以及喪親者必須因應兩種壓力源：一是喪失導向的壓力源（loss-oriented stressor），二是恢復導向的壓力源（restoration-oriented stressor）。換句話說，我們必須處理喪失親人的經歷（想念死去的親人，回憶過去的生活，翻看舊照片，回想親人死亡當下的環境和事件，因為失去親人而哭泣），也要因應壓力，弄清楚失去親人以後要如何生活（處理財務和承受孤獨，也許還得搬家，學習做飯，以及支付帳單等等）。

我們會在其中前後搖擺，有時會面對悲傷，有時會避開悲傷來喘息一下。

斯特羅布和舒特根本不相信喪親之痛會分成好幾個階段，他們的論點與庫伯勒—羅絲的模型構成鮮明的對比。「我們不認為有階段順序，而是（悲傷）會隨著時間的推移逐漸變大和變小，不斷持續靈活調整。在喪親之痛的早期，喪失導向會占據主導地位，後來人會逐漸將注意力轉向其他動盪和痛苦的來源。有時，喪親者會面對他們的傷痛，有時則會不去回憶、讓自己分心或專注於其他事情來尋求解脫。」[2]

我採訪過一些喪親者，這種雙重過程似乎呼應了他們的經歷。二〇一四年時，克萊爾・拉什頓（Claire Rushton）十六歲的女兒考特尼（Courtenay）罹患腦膜炎而去世。

克萊爾將這個過程描述為「將我的腳趾浸入水中」，此處的水代表她除了悲傷以外還要過的生活。「每一次的社交活動以及去商店或超市買東西，我以前可能會承受不了，到了現在還是這樣。我現在會切分每一次的經歷，這樣阻礙就會變小，我不會被自己的情緒所淹沒。這就像去試水溫一樣，看看我能應付到什麼程度。我有時可以整隻腳泡下去，但有時又會無法忍受。」克萊爾如此解釋，描述了她在不同的時期面對和逃離悲傷的過程。[3] 斯特羅布和舒特強調，要將身心健康調整到最好，一定要來回振盪，前後搖擺。「人可能會選擇『喘口氣』、分心或去關注新的事物，但有時面對某些事物可能太過於痛苦，結果導致自願壓抑（suppression）」[4]

卡蜜兒．沃特曼（Camille Wortman）是另一位專注於悲傷和喪慟的學者。她認為尋找吸引人的活動來分散注意力可以有效對抗憂鬱症。她寫信給我時指出：「從研究證據和我的個人經歷來看，分散注意力顯然是哀悼過程中的一個重要因素，但幾乎沒有人談論這點。」[5]

我們可以利用小活動作為橋樑，幫助我們回到生活的世界。

「參加吸引你的活動可以幫你掙脫負面思想的束縛，至少是暫時如此。比方說你可以去買東西、和朋友一起去看體育賽事、去溜狗或去圖書館看書。參加吸引人的活動比參加一項不太吸引人的活動更能增加正面的影響（就是體會正面情緒）。然而，專家們一致認為，參加活動總比悶在家裡更好。人喪親之後往往會對生活喪失興趣，所以哀悼者可能幹不了某些事情。要讓哀悼者不產生抗拒，就是鼓勵他們花五分鐘去做一件可能會吸引他們的事情，並且告訴他們做完以後就可以停下來。然而，哀悼者一旦受到吸引，就會繼續做下去。」[6]

克萊爾發現這種策略很適合她。「我有時無法動彈，也不想動，只想坐著悲傷，讓世界停止下來。」但她找到了振作的方法。「聽起來可能很奇怪，但我告訴自己……

好吧，妳已經哭過了，現在總該起床做點什麼吧！我把它稱為『清理放茶匙抽屜的時刻』。我開始發現要允許自己悲傷，但也得給自己擺脫悲傷的理由，即使我所做的就只是清理抽屜裡的麵包屑。我已經動了起來，而這個動作會轉變我的情緒，讓我擺脫沮喪，有事情可以做。」拉什頓整理茶匙抽屜就是一項不起眼的活動，而我們可以把它拿來比喻幫助我們重回世界的橋樑。

我有時會使用類似的策略來面對工作。當我感到疲倦和不知所措時，我會找出一項非常簡單的小事來開頭，因為我知道只要自己克服了最初懶得動的慣性，剩下的事情就好辦了。我只要做了點事，就能分散注意力。在我得知斯特羅布和舒特的擺盪理論以前，我擔心自己埋頭工作會是一種否定。然而，我現在知道這樣可以讓我喘息一下：我不是在逃避悲傷，而是讓自己復原。相信我，在你工作之前或之後、有時甚至在你工作期間，你都會隨時感到悲傷。

與老派的喪慟理論大相逕庭的是，這些研究人員認為，只要這種否認形式不是極端和／或持續很久，就是喪親者可以採用的一種有益策略。「面對失去親人的事實是化解悲傷的本質。需要去完成它，需要去體認它，但不是一直去做，不能一直著眼於其他伴隨喪親而來的事情。要注意的是『劑量』。」[7]所謂劑量，指的是個體需要暫時擺脫悲傷之前可以承受的各種程度的悲傷——套用克萊爾．拉什頓的術語，就是我們在縮腳之前可以把腳趾浸到水裡有多深。我們不能一直悲傷，但也不能完全逃避悲傷，我們最終不得不面對死亡的某些層面。對抗或逃避都無法持久，積極面對悲傷以及從悲傷獲得喘息，這些對於復原都是至關重要。

在過去的幾個月裡，我發現自己不僅在正向情緒和負面情緒、面對悲傷和逃離悲傷之間搖擺不定，而且在機能進展方面也是前後搖擺、有進有退。我可能在某一個星期感覺自己過得很好，感覺愉快開朗和目標明確，然後又會冷不防地哭了起來，感到非常沮喪。雖然上一個禮拜我感覺還不錯，但我昨天大概哭了八次。我以前因為母親過世而感到悲傷，所以我知道這種情況至少在人經歷喪慟時是很常見的。心情低落的間隔似乎越來越長，一開始我只能有一天感覺很好，然後我會有好幾天、一個禮拜，甚至好幾個禮拜都感覺不錯，然後，突然之間，我又感到憂鬱，覺得生活有點失去光彩，世界又暗淡下來了。前進和後退，前進和後退，一切都是循序漸進、慢慢好轉的。

我想像自己如何搖擺不定（面對和逃避，面對和逃避，上上下下，來來回回），就能熬過幾天和幾週的日子。這些情緒有時候會湧現而來，根本無法逃避，但我找到了面對它們的力量，從中體驗了很多，並且在這個過程中似乎慢慢走出了陰影。然而，我偶爾也知道自己需要退縮，不要去面對悲傷，即使是暫時逃避也是好的。分散注意力的活動讓我們有機會可以復原以及增強我們的力量，這樣我們就可以重新面對一切。同理，我們也有需要退縮的時候：舔舐傷口，把頭埋在桌子底下，精疲力竭地躺下。面對，逃避，面對，逃避，事情就是這樣。

當我覺得自己太虛弱，需要喘息一下的時候，我就會做點事情讓自己暫時擺脫悲傷。我把這些事情列在下面：

- 音樂——音樂串流媒體平台 Spotify 是我的救星。我不管心情如何，都能找到適合當下心情的歌曲來聽。不要低估音樂的力量。音樂既可以在你情緒低落時鼓舞你，也可以反映你當下的感受，呼應你的心境。
- 聆聽 podcast —— BBC 廣播節目「荒島唱片」（Desert Island Discs）是我的最愛，因為它會邀請背景截然不同的人講述他們的人生故事，同時提醒我一點，就是多數人都經歷過料想不到的波折起伏，但最終還是能夠有所成就。[8]

- 打電話給朋友——打給我知道會讓我發笑的人（通常是我姊姊）。
- 去遛狗——我家那隻瘋狂傑克（mad Jack）。牠是一條傑克羅素㹴犬，只要海鷗飛過或摩托車從旁經過時，牠都會去追逐那一閃而過的影子，真的非常有趣。
- 讀書——我的電子閱讀器最能分散我的注意力，尤其我在半夜思緒紊亂時，我就會去讀點東西。
- 看 Netflix 影片——花時間陪伴「其他」我喜歡的男人（就是你，拉格納·洛德布羅克〔Ragnar Lothbrok〕、湯米·謝爾比〔Tommy Shelby〕、甚至是《頂級跑車秀》〔*Top Gear*〕的那群白痴）的劇集或影片，絕對可以讓我分心。
- 和特雷弗（我在現實生活中最喜歡的男人）一起去看電影。
- 烹飪／烘焙。
- 約朋友小酌一杯。

練習去找出分散注意力的事情

分散注意力很重要，因為悲傷會讓人筋疲力盡。你可以去做任何占據你的思想並分散你注意力的事情。不要對自己太苛刻：如果你想要看完整部電視劇、沉浸在電影情節中，或者聽有聲讀物，那就去做吧！

請在下一頁列出可以讓你忘記喪親之痛的五件事。請記住，你不一定非得做什麼有意義的事情。克萊爾整理茶匙抽屜就是一個很好的範例。她認為這項活動很簡單，輕易便可完成，而且足以分散她的注意力，讓她擺脫悲傷，重新回到現實世界。

寫下讓你分散注意力的五種方法

1. ______
2. ______
3. ______
4. ______

5.

當你躺在沙發上或者爬不起床時，做哪一件事最簡單，而且可以讓你起身去做事情？

第九章

韌性思維的三種習慣

三十多年來，心理學家一直研究思維過程會如何影響復原力。我回想先前在賓州大學的教室聽課的內容。凱倫．瑞維琪博士曾耐心跟我們解釋，指出我們的思維方式會大幅影響我們的感覺和運作方式。瑞維琪和安德魯．夏提（Andrew Shatté）在合著的《挫折復原力》（*The Resilience Factor*）中如此解釋：「根據全球進行的研究結果，我們如何分析降臨在自己身上的事件，會深切影響我們的應變能力。你如何回應情況，就反映了一種叫做思維方式的東西。思維方式就像我們觀察世界的鏡頭。每個人都有這種鏡頭，它會影響我們解讀生活事件的方式。**你的思維方式決定了你有多強的復原力。所謂復原力，就是你遭遇逆境時克服和熬過困難，以及最終反彈的能力。**」[1]

實際的樂觀主義

最近的心理學研究指出，無論人的文化背景如何，樂觀是面對創傷時對抗憂鬱症狀的重要保護機制。[2]

我早在三月（也就是我女兒去世九個月以後）就在我的部落格（www.1wildandpreciouslife.com）寫了一篇關於「相信這個過程」（trusting the process）的文章。[3] 現在回想起來，我能體會當時自己的樂觀情緒。我仍然傷痕累累，不是全然抱持樂觀主義，卻有一種信念，認為我們鐵定可以熬過難關。我當時寫道：「我回想我家遭遇的悲劇並試著邁向不確定的未來時，發現自己重拾了大學教授的口頭禪。他在探索新領域時曾不斷提醒我們『相信這個過程』。」然後，我繼續解釋：「相信這個過程並不是陷於惰性，而是開始向前邁出一小步，相信船到橋頭自然直。」

我當時不認為這是樂觀的想法。然而，我翻看自己以前上瑞維琪的課時所做的筆記，發現她指出有韌性的人所抱持的樂觀主義，其本質就是「雖然現在可能情況很糟，但還是要展望未來」。我從中知道自己的態度有多麼符合這種思維模式。她還告訴我們，樂觀的人發現情況可能會有變化時，就會努力尋找解決方案，但只要知道情況無法改變，就會接受事實並幽默以對。他們也能更準確地評估自己擁有多少掌控權，而且也比較不會去否認和逃避問題。

我不會說我在失去艾比之後的第一年很樂觀，但從心理學的角度來看，我現在認為自己當時是樂觀的。我沒有認為自己是「受害者」，心想自己很無助，不願向前邁進；我知道自己可以改變以及不能改變什麼。我知道人死不能復生，但我希望能夠化解痛失愛女的悲傷，順利度過難關，讓我的婚姻、家庭和理智都不受影響。

樂觀的人發現情況可能會有變化時，就會努力尋找解決方案，但只要知道情況無法改變，就會接受事實並幽默以對。

瑞維琪和夏提解釋了這種靈活的思維方式如何與復原力有關。「最有韌性的人具有認知靈活度（cognitive flexibility），也能找出讓自己面臨逆境的所有重要原因……這些人很務實，不會忽視永久或普遍存在的因素，也不會浪費寶貴的復原力來一直思考自己無法掌控的事件或情況。他們會將解決問題的資源投入到自己可以控制的因素之中，然後逐漸去改變，開始克服困難、熬過逆境、反彈恢復和接觸外界。」[4]

我認為，上面的關鍵詞是靈活度和務實。瑞維琪在演講大廳裡一次又一次地告訴我們，「實際的樂觀主義」（Realistic optimism）是關鍵。假使抱持「失控的樂觀主義」（runaway optimism，或者她口中的『波麗安娜樂觀』，誤以為一切都會變好）就會掉進陷阱，但實際的樂觀主義卻不是如此，它要人態度積極，不要否認現實，無論面對何種局勢，都要正面看待事情，但也不要忽略負面情況。展現韌性，就要準確評估形勢——極度悲觀和極度樂觀，最終只會流下（更多的）眼淚。

總之，務實和樂觀的人似乎更善於運用手邊的東西，更有效區分可以改變的事情以及不能改變的既定事實，然後想出可行計畫來處理自己掌控的元素。

重新定義希望：你現在希望得到什麼？

我小時候最喜歡看《納尼亞傳奇》（*The Chronicles of Narnia*），我記得十三歲那年讀到亞斯蘭（Aslan）死掉時哭得死去活來。幾十年以後，我和特雷弗陪著我媽去看了電影《影子大地》（*Shadowlands*）。安東尼．霍普金斯（Anthony Hopkins）扮演納尼亞系列小說的作者C‧S‧路易斯（C. S. Lewis），他描述了他對妻子被診斷出癌症後去世的悲痛。我們三個人坐在電影院裡啜泣。多年以後，我仍然記得那句台詞：「現在的痛苦就是過去的快樂（the pain now is part of the happiness then）」。

我最近翻閱路易斯的回憶錄《卿卿如晤》（*A Grief Observed*），讀到他描述自己和妻子喬伊（Joy）在即使「所有希望都破滅之後」依然一起去追求幸福，我深感震撼。[5] 我對這點有所共鳴，便趕緊去重讀教過我的某位教授的舊講義。他提過人面對死亡和悲傷時，希望所能給予的力量。只要上過克里斯‧費德納（Chris Feudtner）的課，永遠都不會忘記這位教授。費德納是費城兒童醫院（Children's Hospital of Philadelphia，簡稱CHOP）的小兒科醫生，他向我們講述了如何在兒童腫瘤科運用心理希望理論（psychological hope theory）。我當時心想，在這種地方能有什麼希望。然而，他向我們轉述了梅森（Mason）的故事。

費德納見到梅森和他的家人時，梅森才三個月大，已經住院兩個月了。梅森患有代謝性疾病，他的父母一週前被告知這種病沒得救。費德納記得他問梅森父母的那一刻：「梅森現在得了重病，你們有什麼樣的希望？」乍聽之下，這個問題非常荒謬。他們能有什麼希望？如果有的話，就是希望梅森活下來，但他們才剛剛被告知，梅森得的是絕症。對這對父母來說，一切希望都破滅了。

然後，費德納隨後講的故事讓我們這些學生對希望的力量和本質有了更深刻的體會。在費德納還沒去治療梅森之前，醫院團隊打算讓這位嬰兒增加體重。然而，費德納是一位了不起的醫生，他小心向梅森父母探詢以及和他們耐心討論以後，發現他們最希望的是不要再讓梅森接受檢測，想把他帶回家接受洗禮，讓他在僅剩的生命裡有家人一起陪伴。因此，這就是他們所做的。那天梅森和家人一起回家了。他受洗以後過了三週便安詳離世。一年之後，梅森的父母又生了一對雙胞胎。

克里斯・費德納提到詢問新希望如何明顯改變病房裡梅森父母的情緒，他也講述了治療梅森的過程。費德納說道：「我們已經向父母告知最壞的消息，但給他們留下了可以期待的希望。小兒科的緩和療護（palliative care）並非全都是悲傷的，還有歌頌活著的歡樂和慶祝時刻。」這段經歷對費德納的職業生涯產生了巨大影響。他現在會與患者及其家人一起追求希望，即使在面對最可怕的情況下也是如此。「有那麼多的父母感到失落，因為他們的大希望破滅以後，沒人去思考該如何培養他們其他的希望。父母發現兒女得了絕症以後，需要去追尋新的目標。」費德納現在讓費城兒童醫院的父母能夠和醫生一起決定該如何對待生病的孩子，方法非常簡單，就是問他們：「那麼，你們現在有什麼樣的希望？」從這個問題答案中可以看出，希望不是單一的實體：人不只有一個希望，而是有一連串更小的希望。就算面對可怕的消息，好比死亡這種無法挽救的消息，其他的希望仍然存在或者會出現；希望的過程會持續下去，找出這些希望非常重要。

希望不是單一的實體：人不只有一個希望，而是有一連串更小的希望。

在我女兒離世以後，我很快就著眼於去減輕壓力、縮減優先事項和減少期望。我給自己設定了新的生存目標，起初只要能「大致運作」即可。我縮減了目標範圍，只要能夠起床，稍微能夠做出點動作，都算是一種成就。我的目標一夜之間發生了變化。我當時輕易認為所有的希望都破滅了，但仍然懷有別的人生目標和優先事項。

只要知道我的目標是什麼（有一個目標，不管多小都行），就能幫助我確定要採取何種行動，而且改變我對成功的看法。當時我已經忘了費德納教過什麼，但我如今回想起來，我當時的確希望有人明確要求我思考一下更小的新希望。

在過去的十年裡，許多人研究了希望對心理健康的影響和重要性。例如，心理學家普遍認為，抱持希望就可以避免得到精神病，充滿希望的人會感覺生活更有意義，而且通常也更能實現目標，學業和運動方面的表現也會更棒。[6]

里克．斯奈德（Rick Snyder）和肖恩．洛佩茲（Shane Lopez）是合作夥伴，兩人都是這個學術領域的頂尖學者。他們說過希望如何能讓我們產生動機（意志力量）和找到途徑（途徑力量），然後到達想去的地方，同時影響我們的生活和決定我們追求的目標。在很多時候，人只要抱持希望，就能克服困境，不會鬱鬱寡歡。

找到目標很重要；沒有目標幾乎就像得憂鬱症一樣，會無精打采和興趣缺缺，以及覺得無法掌控自己的行為。這些不是要按時完成的目標，更像要你找出對你來說很重要的東西，也就是你所看重的東西。這樣做可以幫助你專注於你耗費精力和時間去努力做的事情、關注你所追逐的東西，以及讓你放下的問題和不再抱怨。

你現在認為重要的事情，可能並不是你所愛的人去世以前對你來說很重要的事情。曾有一位女士跟我說：「在我女兒去世之前，我一直很注重房子的外觀，而且要每一件東西都擺正擺好。現在看來，這些完全無關緊要。」同樣地，我曾在某本書讀到有一位女士在丈夫去世以後認為最重要的是保持身體健康，這樣才能撫養孩子長大。她先前取消了兩次預約好的乳房X光攝影，但現在她一定會去接受檢查。她的動機發生了變化，於是採取了不同的行動。各位不妨去練習一下，學著去找出你剩餘的或較小的新希望。

找出希望的練習

既然救活不了你心愛的人，他們都死了，你現在還有怎樣的希望呢？

回答這個問題可確定你剩下哪些希望，然後引導自己去做決定。它讓我知道自己確實還有希望，其實是還有不少的希望。我希望我家能夠度過難關、大家可以保持理智和維繫正常的家庭，以及我的兩個兒子能夠相親相愛，永遠懷念他們的妹妹。我找出這些希望以後，就能在過去幾個月裡引導自己去做決定。

你現在面臨困境，有什麼樣的希望？

什麼是重要的事情？

從你的角度來看，到底發生了什麼？

如果我們決定做出＿＿＿＿＿，這個決定是否更能讓我們達到真正的目標？

現在什麼事情對你很重要？

你能做些什麼來達到目標？

正念

近年來，很多人在討論正念（mindfulness），這個字能廣為流傳是有道裡的：正念是一種強大的力量。提高正念已被證明有許多好處，好比減輕壓力、化解焦慮和憂鬱、延長壽命、改善身體健康（包括增強免疫力和減輕疼痛）、改善人際關係和感到更為幸福。

正念與復原力一樣，是一個多維的動態構念／建構。說得更簡單一點，正念具有許多元素。我先前透過學術訓練學習了正念的概念，但直到女兒去世以後才真正理解正念的用處，尤其是它與悲傷到底有何關聯。套用學術界的術語，所謂正念，就是「當下刻意關注且不批判地關注每時每刻展開的體驗所產生的意識」。[7] 在現實生活中，就是有意識地集中注意力，充分關注當下而不分心，免得思緒漫無目的地遊蕩。練習正念有助於讓心情平靜和集中注意力。正念是佛陀教義的核心，但它不是信仰，也不是意識形態，更不是哲學。麻薩諸塞大學醫學院（University of Massachusetts Medical School）教授喬・卡巴金（Jon Kabat-Zinn）指出，正念根本沒有特別牽涉佛教。「我們時時刻刻都或多或少保持正念。這是人類與生俱來的能力。」[8]

要提高正念，最好是定期練習冥想（綜觀歷史，正念一直被稱為佛教徒冥想的「核心」），但它不一定涉及冥想；我們可以在日常生活中提高正念。從這個意義來說，有兩種類型的正念：一是正式的正念練習，包括日常冥想和呼吸練習；二是非正式的正念練習，包括透過正念去關注日常生活的各個層面。這就是要努力去隨時留意思想、情緒、感受和環境，讓思緒專注於當下，而非漫無目的地遊蕩。

不批判地接受每一刻的體驗？這就是正念。

在我與其他組織的合作案中，我經常發現如果要向聽眾介紹正念的概念，最好將正念視為盲目生活的反面。要有意識地生活，就是要留意自己的思想，更加刻意去過生活，不要像無頭蒼蠅一樣到處亂撞，讓思緒和注意力分散。這並不表示我們再也不能躺在沙發上打瞌睡，然後昏昏沉沉地看電視，而是我們要有意識地參與自己選擇去做的事情。

正念可以幫助人過活，而從這個意義來講，正念可能對喪親者有所幫助。正念不會化解你的悲傷（本書提到的工具都辦不到），但它確實「提供了更大的籃子來輕輕擁抱和親密體會」痛苦。[9]透過這種方式，我依靠正念去將注意力集中在特定時刻的感受，並且不批判地承認這種感受，從而讓我接受悲傷。其實，我透過悲傷的經歷，最終才理解正念不批判的層面。讓我來解釋一下。我不會認為：「天哪！我又在逛超市時哭了。我真是個白痴，怎麼會無法控制情緒呢？怎麼會這麼軟弱，老是無法忍住眼淚。」我會透過正念去這麼想：「哇！我又哭了。沒關係，只是掉掉眼淚而已。我因為失去艾比而悲傷，所以才會掉眼淚。沒關係，事情就是這樣，我現在就是有這種感受。我不會一直這樣，只是在此時此刻有這種感受而已。」不批判地接受每一刻的體驗？這就是正念。

在艾比離世後的幾個月裡，我一直害怕會失去另一個孩子，而正念也幫助我克服了這種恐懼。正如我們所見，人只要經歷自己無法掌控或預防的創傷性事件，通常會感覺自己更加脆弱。在事故發生後的幾週之內，不少人來我家向艾比告別，並且讓我們感受到關愛，此時一串串的故事開始突破我的保護繭。有一位朋友說他失去了兩個弟妹。真是不可思議，從那以後，他的母親一直飽受憂鬱症的困擾。另一個人則提到他痛失弟弟的悲慘故事，雖然我忘記了死亡的細節，但我仍然清楚記得他後來又說他的另一個弟弟失蹤多年，大概是因為那場悲劇而擅離職守，我聽完後感到十分恐懼。我一想到未來可能還有更多的悲劇就深受折磨。我知道統計機率，但這樣沒有幫助。我很清楚，遭遇一次不幸事件並不會減少再次遭遇不幸的機率，機率不是這樣運作的。我每次想到這點，腦袋就昏昏沉沉的，而且也感到噁心。

回顧過往，我知道最難讓自己擺脫脆弱的一面。更糟糕的是，我們的大兒子考到了駕照，然後有幾個月在公路上開車馳騁。無人陪伴的我，哦，那種痛苦！我知道我無法阻止他，但是擔心他也不會讓他（和我）更加堅強起來。唯一的方法就是正念。我發現不斷把自己拉回到當下是有用的。我會問自己：現在會出事嗎？不，我很好，他很好，我們都很好。萬一發生不幸，我會去處理它，但現在我要專注於當下，處理在我面前展開的生活經歷。在我最焦慮的時刻，這種非正式的正念和正念呼吸練習

（如下頁所示）是唯一讓我清醒的方法。現在有一些好用的新冥想應用程式，例如1 Giant Mind或Headspace，各位可以拿來培養冥想習慣。它們會指導你如何去冥想，幫你恢復心靈的平靜，而且用起來非常簡單。在辦公室上班（戴著耳機）或開車時都可以使用這些程式。

正念呼吸

伊萊恩・奧布萊恩醫生（Dr Elaine O' Brien）承認，自從她父親在幾年前去世以後，她就一直感到傷痛。她告訴我：「有一天早上，我發現嘴巴很酸痛，應該是我前晚感到痛苦而咬緊牙關，可能持續了好幾個小時。我是運動醫學專家，從人類運動心理學的角度來看，我非常熟悉自己的身體，我會咬緊牙關，就是全新的行為，需要立刻去處理，而讓我減少嘴巴周圍壓力的練習是正念呼吸。」

下面概述奧布萊恩醫生的呼吸技巧。她運用這些技巧減輕了因喪親之痛而出現的身體症狀。

從中間的脊柱開始：頭頂朝向天空，耳朵位在肩膀上，肩膀放鬆，要位在臀部上方，抬高脖子，抬起肋骨，內縮和上拉腹部，膝蓋稍微彎曲，雙腳要著地。

你要專注於：

- 當氣進出你的鼻孔時，留意你的呼吸，不要用嘴巴來呼吸。

- 當腹部隨著呼吸而膨脹和收縮時，留意你的腹部。你可以把手放在腹部上頭，以便更真實地感受。
- 留意身體的其他部位。這是一種在體內而非體外的體驗。它要讓你了解全身的感覺。
- 留意四周的聲音。
- 留意四周的情景。
- 當你吸氣和呼氣時，默默說出最喜歡的口頭禪或單字。在吸氣的過程中慢慢說出一個字。你呼氣時慢慢對自己說第二個字。（例如，吸氣說「這裡」，呼氣說「現在」。）
- 呼吸時要保持良好的姿勢、形態，睜眼或閉眼都行，要尊重自我和他人。

奧布萊恩醫生建議「五種呼吸方法」。從深呼氣開始，用鼻子去吸飽氣，再用嘴巴呼氣，採用下面的模式：

1. 完全呼吸／膈膜呼吸。將一隻手放在腹部，另一隻手放在上胸部。將肺部想像成三個腔室，同時慢慢吸氣，讓空氣填滿腹部和胸腔，然後是肺部的頂部（通過鎖骨，讓肩膀擴張）。呼氣並重複這個步驟。

2. 有節奏地呼吸和嘆氣。吸氣時數到4，屏住呼吸數到7，然後呼氣數到8。放鬆並重複。

3. 1對2比例。充分吸氣和呼氣。然後吸氣數到4，呼氣數到8。等你熟練以後，可以改為吸氣數到5，呼氣數到10，或者吸氣數到6，呼氣數到12。

4. 5到1的計數。在深吸一口氣和呼氣時說出並想像數字5。在心裡數數並想像數字4，對自己說：「我比我在5的時候更放鬆。」繼續倒數計時，直到你倒數到1，感到完全放鬆。

5. 專注呼吸。吸氣數到7，屏住呼吸數到7，呼氣數到7。放鬆並重複這個步驟。

奧布萊恩醫生，個人通訊聯絡，二〇一五年十一月十日。

第十章

人際關係（親友可以做些什麼）

我們身為人類，天生就渴望建立關係以及和他人聯繫。

多年以前，我在看美國電視節目《命運觸控點》（*Touch*）時被下面的話深深打動，於是倒帶把它寫了下來：「人類不是地球上最強壯的物種，也不是跑最快或最聰明的物種。人類的優勢是可以彼此合作，互相幫助。我們在彼此身上認出自己，我們天生就具有同情心、俠義精神和愛。這些東西讓我們更強大、更敏捷和更聰明，這就是我們得以生存的原因。」

就像我們在面對許多生活層面（尤其是創傷和不幸事件）時一樣，我們陷入悲傷時，自己與別人的關係至關重要。過去三十年積累了大量研究，證明支持性關係（supportive relationship）對於復原力十分重要。許多研究指出，社會支持可以減少創傷後的心理困擾。例如，如果兒童身處貧困環境或遭受虐待卻能倖存下來，通常是因為有成年人從旁支持他們，協助他們度過難關；[1] 成年人遭受自然災害、戰爭和攻擊等創傷後若能得到良好的支持，後續情況就會更好。[2] 同樣地，一些研究指出，擁有強大社會支持網絡的人比沒有這類網絡的人更不容易罹患憂鬱症。研究對象面對離婚或失業等痛苦事件以後，即使只有一個談心的知己，也能將罹患憂鬱症的風險降低一半。

> 社會支持可以減少創傷後的心理困擾。

哈佛大學兒童發展中心（Center on the Developing Child）的研究人員對復原力有以下的說法：「不管塑造基因表現的經歷如何，沒有一種可以決定個體一生的『復原力基因』。通過支持性關係、基因表現和適應性生物系統（adaptive biological system）的相互作用，人會發展出適應逆境和在其中成長茁壯的能力。人們普遍認為，個人的勇氣、非凡的自立能力或某種與生俱來的英勇性格可以幫助人克服災難。然而，根據目前的科學研究，人至少要有一種支持性關係和多次培養有效應對技巧的機會，才能面對重大的逆境。」[3]

第三章指出，查尼和紹斯威克訪問過越戰期間被囚禁的美國士兵以後，得出了跟上面觀點相同的結論。面對創傷時表現出韌性的人很少是獨自辦到的。查尼指出，這些戰俘會敲打字母，即使被單獨監禁也能和別人交流。他說道：「他們都需要敲擊密碼才能熬過艱難的時期。人可以從人際關係以及反酒駕母親（Mothers Against Drunk Driving，簡稱MADD）之類的組織中獲得許多的支持。」我們知道有很多幫助患者面對癌症的支援組織，它們都是非常重要的社交網絡，可以在人面臨壓力時成為安全網」。[4]

越來越多的研究指出，社會支持對於幫助人化解悲傷特別重要。更複雜的研究方法也表明，某些類型的社會支持對喪親者更有用。例如，托妮·比斯康蒂（Toni Bisconti）、辛迪·伯格曼（Cindy Bergeman）和史蒂文·博克（Steven Boker）研究過剛喪夫的寡婦並調查她們的情緒好壞。這些研究人員發現，尋求「情緒性支持」的寡婦比尋求「工具性支持」的寡婦更能快速走出喪夫的陰影。[5] 換句話說，人在喪親的早期階段，你去傾聽他們的心聲比替他們修剪草坪更有用。

根據查尼和紹斯威克的研究，角色楷模（role model）可以大幅影響人的復原力。有數個喪親之痛的組織已經意識到這一點，因此現在為悲傷者提供線上和個人支持。例如，母親之愛（MotherLOVE）會將剛剛失去兒女的母親與那些已經喪失兒女許久的母親聯繫起來（www.motherlove.net），而現代寡婦俱樂部（Modern Widows Club，www.modernwidowsclub.com）則致力於協助寡婦。說到角色楷模，我想起我的姊姊在媽媽葬禮時誦唸的一些話。這些話出自於一九五二年獲頒諾貝爾和平獎的德國神學家、音樂家和醫生傳教士阿爾伯特．史懷哲（Albert Schweitzer）：「我一直認為，從精神層面而言，我們是仰賴別人在我們生命中重要時刻給予我們的東西。這些重要的時刻說來就來，出乎人的意料。它們來的時候也不會大張旗鼓，而且幾乎不知不覺便過去了。其實，當我們回顧過往時，會發現它們非常重要，因為這些時刻就像一段音樂或一片風景，常常在我們回憶它時觸動我們的心靈。」[6] 當我看到那些在我們人生關鍵時刻如此重要但現在又恢復成正常角色的人時，我想起了上頭這段話。我知道自己永遠不會忘記他們在我脆弱無助時對我表現的善良、同情和寬厚。我和他們之間存在一種溫柔的聯繫，就算是不明說，我也知道我們一起度過了那段煎熬時期。

已故的克里斯．彼得森（Chris Peterson）是我最喜歡的教授，我想套用他的話，指出所謂復原力，簡單來說就是「其他人很重要」。他用這句話來總結數十年的研究成果。人是可以一起承擔喪親之痛的：我們需要和別人討論自己的感受，彼此坦誠交談，請別人提供厚實的肩膀讓我們哭泣；我們需要別人來讓自己懷念死者；我們需要他們傾聽我們的聲音、為我們做飯，甚至開車載我們去我們懶得去的地方。

我們的家人、朋友和更多的社區人士付出了很多，就是為了要幫助我們化解悲慟。我們家以及艾拉和莎莉一家生活在一個沿海小村莊，連續兩年面臨地震和相關的無數破壞和損失，大夥彼此奮鬥，孩子終於完成學業，而當不幸事件發生以後，在數週和數個月之內，別人不斷關懷我們和提供實際的支持。這些是在事故發生後的第二天便開始。當時我們的密友維多利亞（Victoria）建議我們把女兒、艾拉和莎莉的朋友和家人聚集在海灘上，讓孩子們聽到這項消息後可以互相安慰，然後各家輪流帶飯菜，讓大家晚上可以享用，如此持續了四個月。我感覺更堅強之後才減少到每週兩晚聚餐，如此又持續了三個月。這些餐點都是用愛來烹煮和遞送的，籌備食物的眾多女士甚至開發了一個收集和送回餐具的系統。我們只要吃就行了，謝謝你，克姆（Kerm）和查理（Charlie）。還有很多實際的幫助：有人為參加葬禮而滯留的訪客提供車位，方便訪客在我家過夜或待更久的時間；有人還將一輛露營車開到我家的車道上，讓住不下的客人可以休憩。此外，當我們還無法思考該如何安葬女兒時，一群人便挺身而出，四處幫忙籌備葬禮，他們還持續關懷我們。我發現自己非常幸運，能夠生活在一個以家庭為中心的社區，因為社區的人能夠深切感受到我們喪女的痛苦，他們知道這不是很快就能「克服」的事情。他們願意耐心陪伴我們，跟我們一起熬過這段時日，真是讓我感到驚訝。

能夠與我們所愛和信任的人討論自己的擔憂、傷痛和恐懼，不但幫助我們擺脫絕望，也讓我們培養了更深層次的聯繫。我在二〇一五年從網路上讀了《衛報》（Guardian）的一篇文章，文中的母親珍・格羅斯（Jean Gross）描述她三十六歲的女兒凱特・格羅斯（Kate Gross）死於結腸癌的經歷，而凱特生前將結腸癌稱為「麻煩的東西」。

珍寫道：「我們得到家人和朋友的愛，陌生人也會善意關懷，我們還收到的成千上萬條訊息，這些都幫助了我們。因為有了這個『麻煩的東西』，我家更為親密了。我們彌合了父母與成年子女之間的隔閡，開始去了解凱特和喬（Jo），女兒若沒有生病，我們根本很難化解心結。我們經常與奧斯卡（Oscar）和艾薩克（Isaac）來往，而不是偶爾才去拜訪他們。凱特的朋友發現她生病時紛紛來問候，我們以前（現在仍然如此）對此感到非常驚訝。我已經了解這個世界的愛比我所知道的更多，也許我們需要做的，就是學會去告訴別人我們需要什麼。」[9]

她的話說中了化解悲傷的關鍵：我們不能指望別人知道該如何幫助我們、該說什麼、該做什麼、什麼時候該打電話、什麼時候該讓我們獨處。如果我們想讓別人了解悲傷是屬於個人的一種過程，那麼他們就需要我們的幫助，我們需要引導他們，並告訴他們我們需要什麼。別人總是問我，對於喪親者來說，什麼是有用的，什麼是沒用的？為了回答這兩個問題並回應我的朋友喬治（Georgie）的詢問，接下來就來詳細說明。

喪親者可以藉由別人的幫助，化解悲傷

告訴別人你需要什麼

不要指望別人會讀心術，你知道他們不可能知道你的感受。幻想你的朋友和家人會讀心術，這在心理學上稱為「思維陷阱」（thinking trap），並且被認為是阻礙復原力的巨大障礙。幸運的是，這種問題不難克服。只要（輕輕地）告訴朋友我們需要他們幫忙什麼就行。只要往正確的方向輕輕一推，多數人稍微轉向對的方向以後，就會是能幫助你的伙伴。你要讓他們知道你是否需要別人擁抱或者不想被擁抱、你是否需要給汽車輪胎打氣、你是否可以和別人一起去學校玩耍、你是否需要別人幫忙照顧孩子或幫你決定所愛之人該穿怎樣的衣服。問問自己：我是否直接且清楚表達了自己的感受或想法？我是否期望對方要了解我的需求？

說實話

盡量敞開心扉，表達你的感受，即使難以說明清楚也沒關係。就算你的感覺每分鐘都在變化，也要告訴你最親近的人。你要向他們解釋，當你說自己很好時，其實你並不好。你經歷悲傷時，很難用一句話去回答「你好嗎？」這個問題。桑迪．福克斯（Sandy Fox）在為過世女兒所寫的書中，建議我們要說：「我正在努力克服困境。」[7]這似乎是一個合理的目標，而且回答也簡潔俐落，甚至沒有聲稱我們已經化解了悲傷。

不要因為在別人面前笑而感到內疚／羞愧

有些喪親者會擔憂這點，認為他們的親人看到他們笑，會認為他們已經化解了悲傷，或不尊重死者。其實，能夠在別人面前開懷大笑並展現正向情緒的人更能化解悲傷。第七章指出，和朋友共度美好時光有助於維繫與他人的正面情誼。

解決房間裡的大象問題（尤其在工作場合）

雖然我們可能認為，避免在工作場合討論死亡是最好的方法，但我訪談過許多喪親者以後，發現情況根本不是如此。臉書的營運長雪柔・桑德伯格（Sheryl Sandberg）指出，她在丈夫去世後重返工作崗位時，覺得有必要去面對問題。「當我靠近同事時，許多人都露出恐懼的神色。我知道為什麼，他們想幫助我，但又不知道該如何做。我和同事之間以往關係親密，這對我來說一直很重要，而我發現要恢復這種關係，就需要讓他們敞開心胸。這就表示要比我曾經想要的更加開放和表現出脆弱。我告訴那些和我最密切合作的人，他們想問我什麼都行，我都會照實回答。我還說他們可以談論他們的感受。大家開誠布公，便不會懼怕做錯事和說錯話……，一旦我面對了這頭大象，我們就能把牠踢出房間。」[8] 允許人們談論你喪親的事情，就能讓大家表現得更加正常。

家人、朋友和同事可以提供什麼幫助？

看著親人悲傷非常痛苦，往往會讓我們感到十分無助。當然，朋友能提供什麼幫助，取決於喪親者的具體情況，好比他們失去了誰、事情是如何發生的，以及他們家還剩下誰。人們在親人死後，對朋友、家人、熟人和同事的反應和來往通常會有所不同。你看到朋友悲傷時，偶爾也會想起自己離世的親人而悲傷。你盡量別因此增加對方的負擔，而是要去陪伴他們，傾聽他們的悲傷故事和打探他們的需求。

湯瑪斯・阿提格建議，最重要的是了解每個人的喪親之痛是不同的，因此要將精力集中在專心傾聽對方的故事，並努力去理解（和體會）他們的悲傷。阿提格認為最重要的是要有耐心、要專心去傾聽、要知道每個人都不一樣，喪親以後的情況也會有所差異，而且要向對方保證，只要他們需要你，你就會陪伴他們。[10]

1. 讓喪親者講述他們的故事

要順利化解悲傷，首先要接受親人已經離世的事實。此時親友不妨讓喪親者痛快傾訴心情。回顧親人死亡的細節，有助於讓人接受事實。

即使到了現在，如果有機會，我也會談論我聽到女兒出事的那個晚上，讓我再次回顧事件、重溫某些經歷，盡而獲得某種滿足或寬慰。出於某種奇怪的原因，我偶爾也喜歡聽別人講他們如何得知親人出事的。然後，我會問他們：「當時你在哪裡？誰告訴你的？」重述如何失去親人顯然能夠減輕痛苦。我認為聽到別人說噩耗傳來時他們有多麼痛苦和感到多麼震驚，從中證明我自己的痛苦是正常的，讓我知道親人意外死亡是有多麼讓人感到可怕。我聽到他們的回憶以後知道：「沒錯，那真的很糟，所以為什麼你很難去接受它。」這是悲傷過程的起初部分。

庫伯勒—羅絲和凱斯勒指出：「你必須把它挖掘出來。必須先見識悲傷，才能化解悲傷。分享悲傷就是減輕悲傷。你要講述你的故事，因為這樣才能指出逝去的親人很重要。」因此，朋友和家人的支持必不可少，你也需要他們耐心陪伴。庫伯勒—羅絲和凱斯勒接著說道：「我們訴說故事時，就會一點一滴驅散痛苦，分給我們遇到的人，因此一路下來就能驅散痛苦。當有人一遍又一遍告訴你他們的故事時，他們是想要弄清楚某些事情。他們必定想釐清某些東西，否則說著同樣的故事也很無聊。你與其翻白眼說『她又來了』，不如詢問對方一些銜接不上的部分。你要當個見證人，甚至要引導他們，找出他們想知道的東西。」[11]

要耐心傾聽，鼓勵喪親者談論心事（如果他們表現出想要這樣的跡象）。你可以問：

- 你的親人是在哪裡去世的？
- 當你得知此事時，你人在哪裡？
- 你當時和誰在一起？
- 葬禮辦得怎樣？
- 誰在喪禮中發言？
- 你所愛的人是土葬或火化？
- 他們被安葬在哪裡？
- 骨灰放在哪裡？

• 你是去墳墓或擺放骨灰的地點紀念親人？

另一種幫助對方接受事實的方法，就是主動提議和喪親者一起去墳墓前探望死者。然而，你要察言觀色，或許對方可能更喜歡單獨前往，但你要告訴他們你很樂意隨時陪他們一起去，而且（因為你不想一直纏著他們）只要他們認為這樣有所幫助，就可以隨時邀你同行。

其他有用的問題：

• 做什麼可以幫助你？
• 當……的時候，你有什麼反應？
• 你的感受改變了嗎？
• 你最難熬的日子是什麼時候？
• 你今天想談論這件事嗎？

2. 幫助喪親者適應親人離世以後的生活

失去伴侶的人不僅要調適心情，還要接受失去死者生前扮演的所有角色，從做飯到倒垃圾／回收物品、和學校老師打交道、支付帳單、買車、預訂假期住宿、開拖車倒車和洗衣服。在伴侶關係中，這些通常都是由某個人來處理。一旦負責處理這些日常瑣事的伴侶離世了，這些事就沒人處理了，活著的人就會感到淒涼。不妨問你自己：

- 存活者面臨哪些實際的問題？你要如何幫助他們解決這些問題？
- 誰是他們伴侶關係的決策者？
- 他們現在要下什麼樣的決定（無論大或小）？他們想和誰討論這些事情？

3. 要勸告喪親者別太早做出改變生活的重大決定

要化解悲傷已經夠難了，此時最好待在熟悉的環境，不要在悲傷時倉促下決定。沃登提出警告：「當你勸喪親者不要太早做出改變生活的重大決定時，請不要讓對方更感到無助。你要告訴他們，當他們過了一段時間以後，一定能夠做出決定和採取行動，也要讓他們知道，不應該為了減輕痛苦而倉促下決定。」[12]

4. 幫助喪親者回憶過往

失去親人以後，最大的挑戰就是要放棄舊生活，轉而擁抱新生活。在這段時間裡，喪親者通常會擔心自己和別人會忘記他們所愛的人。我知道自己有時聽不到艾比的聲音，有時甚至想不起她的臉。然而，我在十三年前失去母親之後，我也知道這些東西還是會浮上心頭。

支持者此時可以發揮重要的作用，要喪親者放心，說他們的記憶不會消失，他們所愛的人永遠不會被遺忘。人都是自身經歷的產物，對這些經歷的記憶不會因為相關的人已不在人世就會消失。有些人覺得談論死者很困難（甚至讓他們反感）；有些人會避免提起這個話題，因為害怕會讓喪親者想起所愛的人而心煩意亂。我認為喪親者應該不會介意你談論他們離世的親人，希望我說得沒錯。我一直都在想念艾比、艾拉和莎莉，所以別怕一提起她們就會讓我難過。

從這個意義上來說，支持者可以分享自己對死者的回憶來幫助因喪親而悲痛的人。

你也可以：

- 回憶死者生前幽默的時刻、事件和表情。
- 具體列出你認為死者有哪些良好的個性。
- 當某些事情讓你想起已故的人，或者你看到／做了一些你知道他們鐵定會喜歡的事情時，不妨在IG或臉書上張貼照片，並寫上你自己的 # 符號內容（我會寫#abiwouldhavelovedthis〔艾比一定會喜歡這個的〕）。我是看到「What's Your Grief」網站（www.whatsyourgrief.com）才有這種想法的。這個網站提供許多有用的資源，也有部落格文章，以及提供化解悲傷的見解。

5. 理解喪親者無法承受生活中的小挫折／細節

當你愛的人死了，世界就停止了。什麼東西都微不足道。我記得我母親去世以後，我盯著超市販售的雜誌，心想為什麼會有人想知道這些瑣事。

在艾比死後不久，我們不斷驚訝於過日常生活竟然要如此寬容。我們面對如此巨大的問題，但自己的容忍度卻是多麼低啊！我們的朋友此時給了我們很大的幫助：他們一看到我們遇到會考驗我們耐心的情況時，就會為我們解決問題或接手處理。例如，我記得我的同事凱特（Kate）有一天在游泳池入口幫我解決問題。我們都有預付的入場卡，我們在前一個禮拜儲值了，但很奇怪，我的卡卻顯示儲值為零。凱特見狀後馬上說：「妳先進去換衣服，我來處理這件事。」她把我帶到更衣室，知道我會無法忍受跟管理員你來我往的理論，也會毫不猶豫地逃跑。

6. 給喪親者悲傷的時間

聽起來就像陳腔濫調，但悲傷需要時間，而對喪親者最好的支持網絡就是那些真正理解這一點的人。

要不斷提醒喪親者，說你沒有忘記他們的痛苦，你也不期待他們「忘記傷痛」。我親愛的朋友托妮會隨時向我們發送愛心符號的短訊，表示她一直關心我和特雷弗。在艾比去世後的第一年，她每天都給我們發一封訊息，只是想讓我們知道她在想我們。在艾比離世一年以後，她還是堅持這樣做，但不是每天，而是斷斷續續，這種貼心行為的確意義重大。

各位要記住，喪親者在某些特定時間點會感覺心情更糟。你要在三個月左右去關心他們，因為喪親者經常告知輔導員，此時似乎沒有人關心他們了，而別人也在避開他們。親人離世一週年和所有的生日及節慶假日也會讓人特別難過。此時要再去關心對方，發一封言詞友好的簡訊或電子郵件，表示你沒有遺忘他們。

7. 不要將你自己的悲傷故事與剛喪親者的情況進行比較

雖然喪親者傾聽別人的心情時通常非常善解人意，也能夠去扶持其他失去親人的人，但這可能需要時間。當朋友、同事或家人剛剛失去他們所愛的人時，你不要馬上拿自己的悲傷經歷和他們去比較。你最好說，「我不知道該對你說什麼」，或者「我無法想像這對你有多麼艱難」。下面這首詩說得很好。

請不要問我是否已經忘記，
我永遠也不會忘記。
請不要告訴我她目前在另一個更好的地方，
她不在我的身邊。
請不要說她至少沒有受苦，
我還不知道她為何必須受苦。
請不要說你知道我的感受，

除非你曾經失去孩子。
請不要問我是否感覺好些了，
喪親之痛不會消失。
請不要說我至少和她陪伴了這麼多年，
你會選擇哪一年讓你的孩子死去？
請不要告訴我，上帝不會讓我們承受我們所不能承受的，
請你只要說你也很難過。
如果你記得，請只說你記得我的孩子。
請讓我談談我的孩子，
請提到我孩子的名字，
請讓我哭吧。[13]

麗塔．莫蘭（Rita Moran），〈只要說你也很難過〉（'Just Say You Are Sorry'），一九九九年

8. 在喪親者憂鬱時隨時待命

當人逐漸接受失去親人的現實時，憂鬱是一種常見（但通常是暫時的）悲傷症狀。人們似乎常常想要哄騙喪親者，想讓他們走出陰霾並振作起來，但我們真正需要的是靜靜待在我們身邊的朋友，而他們也要明白憂鬱只是一個短暫的過程。和我們坐在一起，了解我們是非常悲傷的，知道我們可能需要暫時讓生命從我們身邊悄悄溜走。

你還可以建議喪親者定期運動，說你很想跟他們一起鍛鍊身體。鍛鍊身體能讓人心情快樂。然而，喪親者通常需要別人從旁鼓勵和幫助，才能經常去運動強身。第十三章會更詳細討論運動的重要性。

不要對喪親者說的話

- **她至少目前在一個更好的地方。**更好的地方？真的嗎？她喜歡這裡，喜歡在這個地球上，與我們和她的朋友一起生活。
- **你感覺好些了嗎？**這不是一種病，這不是我要「克服」的事情，因為它不是暫時存在的。
- **我的狗／倉鼠去年也死了，我了解你的感受。**我懶得理你。
- **任何事情會發生，必定是有原因的。**部落客提姆．勞倫斯（Tim Lawrence）寫道：「讓我把話說清楚：如果你遭遇一場變故，卻有人告訴你，這場變故本來就會發生的，它是有原因的，你會因此變得更堅強，或者面對它就能解決問題，你就要把這些傢伙從你的生活中踹開。」[14] 讓我也把話講明白：我也不相信每件事會發生都是有原因的。艾比死後我被迫改變生活，但我不認為我變得更堅強了；我不是要藉由本書的策略強迫你成為更堅強的人。我只是相信，當我面對無法控制的情況時，我是被迫走上新的人生道路去重新認識這個世界。我喜歡這樣嗎？不是的。找到新的方向是否幫助我熬過喪女的痛苦和空虛？是的。

- **你們會在天堂團聚**。如果你想要這麼說，請確定對方相信這一點。很抱歉，我不信這點，所以你這樣說根本無法安慰我。我真的不得不接受艾比已經永遠離開，並且我再也不會見到她了。同樣地，有些小孩子會在IG或臉書上發帖問道：「艾比，妳在天堂那裡玩得開心嗎？」我覺得這很不恰當，讓我非常生氣。
- **一切都會沒事的**。我知道會這樣，但我不希望女兒死後一切都沒事。

下面的行為根本幫不上忙：

- 改變話題
- 一直談論自己
- 老是問「為什麼」
- 給人佈道或說教
- 問太多的問題

如何和孩子談論死亡

麗莎・巴克斯鮑姆（LISA BUKSBAUM）

儘管和孩子談論死亡時讓人感到憂慮，但我們需要幫助孩子熬過艱難時期，讓他們更快復原。

- 讓你的孩子引導你。如果你不知道孩子是否知道何謂死亡或對死亡了解多少，請提出開放式問題，看看他們知道什麼以及他們會有什麼疑問。根據孩子的問題和回答去提供訊息。讓孩子日後有問題時可以隨時提問。
- 讓你的孩子知道你會陪伴他們，也願意隨時聆聽他們的心情。
- 絕對不要試圖「解決它」或找個理由說死亡是正常的。
- 要對孩子誠實。回答他們的問題時要清楚誠懇。孩子們會想要、需要且應該知道真相，他們也需要知道你會告訴他們真相。你可能不知道該說什麼或不知道答案。這時不妨說「我不知道」或「我也不明白」。

- 當孩子不說話時，要傾聽他們的聲音。你要知道當你說話時，孩子就會聽你在說什麼。孩子不會直接談論他們的感受，但你可以留意他們如何玩耍、玩耍時說的話、他們在畫什麼或寫什麼，從中得到很多的訊息。孩子會看到、聽到、感覺並吸收周圍發生的事情。你可能認為孩子沒有在聽，但當你和別人交談或打電話時，他們會聽到你的想法。兒童是有內建雷達的。
- 要認同孩子的感受。讓孩子知道他們有任何感覺都是正常的。幫助你的孩子說出他們的感受（例如「悲傷」、「憤怒」、「沮喪」或「不知所措」）。
- 要讓你的孩子安心。一定要澄清任何誤解或錯誤訊息。提醒你的孩子，說大人會關心和保護他們。
- 為你的孩子樹立榜樣。向孩子們展示你在悲傷時如何恰當表達情緒和好好照顧自己。不妨讓孩子看到你的感受，但不要冀望孩子能夠支持你，要請別的成年人或專業人士來安慰你。
- 查探孩子的行為變化。有這些變化可能表示他們感到不安。要注意孩子在飲食、睡眠、玩耍或注意力能否集中方面的變化。如果你的孩子一直無法做出正常行為，請尋求專業人士的協助。

- 讓孩子維持正常的作息和時間表。盡量維繫他們的正常的作息，保持規律的睡眠、飲食、上學、課外活動以及和朋友玩耍的時間。如此一來，你的孩子就會有一種安全感。
- 並非所有的孩子都會以同樣的方式理解死亡。

年幼的孩子——不知道死亡是永久的。他們可能會一次又一次地問同樣的問題。這樣重複提問能夠幫助他們處理和理解到底發生了什麼事情。你的解釋要簡短清楚，要讓他們放心，讓他們知道大人會照顧和保護他們。年幼的孩子會吸收和模仿你表現出的壓力和感受。

學齡兒童——更能理解發生了什麼，也知道死亡是永久的。他們可能對死亡有不切實際的反應，可能會為所發生的事情自責或擔心別人也會死掉。你要告訴他們死亡的事實和訊息。幫助他們透過藝術創作或寫作去表達心情，同時讓他們表達感受，例如「悲傷」、「有壓力」和「不知所措」。

青少年——對死亡的理解可能與成年人相同，但對死亡和悲傷的體驗可能會不同。要給青少年時間和空間去表達感受。允許他們保有隱私，但不要讓他們過於退縮。此外，也要讓他們參與有關死亡（死者）的決定和對話。如果他們想要找人相談，請讓他們知道你願意和他們聊天。幫助他們釐清他們可以做哪些有意義的事情。他們可能想參加社區計畫或慈善活動，讓他們感覺自己正在採取積極的行動。

不妨請各種年齡階段的孩子寫下或畫出他們對死者的積極感受和回憶，這樣會很有用。如果要讓孩子們表達感受和建立關於死者的回憶，可以提出開放式問題，例如：「你想起這個人時，哪些是你最喜歡的回憶？」或「你以前最喜歡和這個人一起做哪些事情？」

練習和他人接觸

1. 說出三個你覺得聊起來很舒服的人。
2. 在過去的一週裡，你和他們交談過多少次？
3. 你可以採取什麼實際步驟和另外三個人見面或交談？
4. 說出你最願意向誰表達悲傷的情緒。
5. 再想出一個人。你目前不會向他表達悲傷情緒，但你認為他有可能會好好聽你說話。
6. 你可以採取什麼實際步驟去和這個人交談？是否需要特別去約時間或在特定的環境碰面，這樣你們才不會被打擾？
7. 說出三個可以提升你正向情緒的人。
8. 在接下來的三週內想出一種與這些人會面的方法（請他們幫你想出一套吸引你的方法）。

第十一章
優勢

研究復原力的學者強調，理解個人力量並利用它來因應逆境是非常重要的。研究幸福感（wellbeing）和復原力的學科比較新，其基本原則之一就是會採用基於優勢（strengths-based）的方法。心理學通常採用基於缺陷（deficit-based）的立場，著眼於找出和治療心理疾病（亦即解決人們的問題），但復原力心理學則側重於一系列有助於化解創傷的個人優勢。

為了能夠對性格優勢與生活滿意度、職場和教育表現，以及身體健康之間的關聯進行可靠的實證研究，心理學家首先必須設計一套分類系統和方法來衡量這些優勢。因此，在二〇〇〇年代初期，五十五位傑出科學家共同開展了一項為期三年的計畫，旨在對人類的正向特質進行分類，而由此產生的「行動中價值」（Values in Action，簡稱VIA）性格優勢分類便包括二十四種普遍受重視的性格優勢，這項分類此後便被科學家運用於跨文化的數百項同行評審研究。[1]

在這種情況下，優勢代表「反映在思想、感受和行為的積極特質」。[2]任誰都有優勢，但每個人都會認為自己在某些方面更強，而其他方面則比較弱。

我跟多數人一樣，還沒接受學術訓練將ＶＩＡ調查納入學習時，根本不知道自己擁有哪些特殊的性格優勢。只要接受快速的（大約五分鐘）線上心理調查，便可確定你的主要性格優勢，調查結果還會用電子郵件寄給你，就這麼簡單。你可前往 www.viacharacter.org 或參閱本章最後的方框內容。迄今為止，已有一九〇個國家或地區、共二百六十萬人參與了這項調查。

研究指出，了解優勢能獲得一系列理想的結果，包括學業有成、事業成功、實現個人目標、工作表現更良好和身體更健康。然而，我對性格優勢進行實證研究以後，對於測試結果仍然感到驚訝。我工作時經常要協助企業制訂和落實幸福感和復原力的策略，所以我想要調查運用優勢對工作場所會產生哪些影響。我有幸能在奧克蘭理工大學上班，因此得以使用該校龐大的紐西蘭工人資料庫。這些工人曾對「自主幸福感指數」（Sovereign Wellbeing Index）做出回應，而該指數是紐西蘭首次的全國幸福感調查。我分析了許多工人對數十個幸福感問題的回答，將大量的樣本（超過五千名成年人）分成兩組：一組是生活積極振奮的人（根據一整套心理變項〔psychological variable〕），另一組是生活萎靡不振的人。根據結果，自稱知道自身優勢的員工與很少利用自身優勢的員工相比，前者的心理健康的可能性高出八倍。此外，一旦我進一步分析員工實際發揮其優勢的影響，我發現與很少發揮其優勢的人相比，最能發揮優勢的人擁有心理健康的可能性要高出十八倍。更重要的是，這項結果無關乎社會人口差異和受測者收入的多寡。這真是一項驚人的發現。

了解優勢能獲得一系列理想的結果。

話雖如此，一直到我受邀在某個學術會議上介紹我的工作時，我才特別意識到自己已經在喪女的前六個月裡運用我的優勢。當我坐下來仔細思考我是否在何處使用了VIA的任何性格優勢來幫助自己復原時，我驚訝地發現自己曾在不同時間依賴過這些優勢的支持和引導。

在艾比去世以前，我知道我最常運用哪些性格優勢（套用VIA的術語，就是我的「標誌性優勢」〔Signature Strength〕），而且我進行調查時不斷確定了這些性格優勢，它們包括愛、感激、熱情、毅力、好奇心和熱愛學習。我從先前的評估中還發現寬恕、誠實和勇敢在我的優勢列表中較為靠後——我認為這些優勢不是我性格的重要組成部分。然而，在我生命中最黑暗的時刻，寬恕卻拯救了我，這真是諷刺。我鑽研性格優勢，不應該如此驚訝才對，因為「誰都可能擁有在真正面臨困境之前不會展現出來的優勢」。[3] 危機顯然並不一定會塑造人的性格，而是會揭示人的性格。心理學家將其稱為「杜魯門效應」（Truman Effect）。哈羅德・杜魯門（Harold Truman）一生並不怎麼傑出，卻在羅斯福總統（Roosevelt）死後一躍成為偉大的美國總統，令許多人跌破眼鏡。

對我們來說，寬恕來得又快又自然。從我們得知艾比死訊的那天晚上起，我們全家四人都同意不要去責怪司機。這並不是我們認為司機不該負責。他在坎特柏立鄉村公路上不理會「停車標誌」，開車直接撞上了艾比搭乘的那輛汽車，我們都知道他闖禍了。只是我們出於本能，知道責備司機沒有任何好處。他犯的錯不是可以糾正的，至少不是能以我們想要的方式來糾正。艾比死了，做什麼也無法讓她復活，此時寬恕是唯一合乎邏輯的選擇：面對如此多的痛苦和悲慟，不原諒司機又能如何呢？我已經很確定他不太可能再這樣做了。

在事故發生後的最初幾天和幾週裡，寬恕也為我們提供了某種調整框架。我家裡沒人會再公開承認集體寬恕的影響（只有我這位有過度心理意識的母親會出來講這件事）。寬恕為我們提供了融合統一的紐帶，各位若想要理解的話，不妨想像一下：假使我們家有三個人想寬恕司機，但剩下的一個人卻想責備他，這樣便會讓家人不和，如此一來，我們家將會有截然不同的氣氛。

對襲擊他們的人感到憤怒的人士，請不要這樣做

這是出自於兒子艾德・霍恩（Ed Hone，十六歲）的臉書貼文。

這幾天發生的事情想必你們應該都知道了吧！毫無疑問，這是我家遇過最糟糕的事情。失去我們的小妹艾比、可愛的艾拉，以及最善良、最樂於助人且最平易近人的莎莉，我們非常痛苦，感到孤獨和失落，也感到反常，而那種傷痛根本無法用言語來形容。

過去幾天是我家最難熬的時日。我的情緒起起伏伏，從美好的幸福感搖擺到難以形容的悲傷，然後再搖擺到非常奇怪的正常感覺。

我認為我們家還沒有完全調適過來，沒有人相信我們會瞬間失去生命中最重要的三個人。大家不免會去聯想，想說要發生這場車禍，必須要有大量湊巧的情況結合在一起，而這些情況必須在正確的時間和正確的地點以正確的順序發生在正確的人身上。我不禁會去想，如果那天早上我在艾比下車之前跟她多說了一句話，那輛

車就不會撞上她們。

換句話說，這是一場「完美風暴」，一場不可思議的完美事故，能夠和我們不久前經歷的地震等自然災害相提並論。要讓這種「完美風暴」發生，許多事情必須以完美的順序發生，但我們也必須了解，正是由於這個概念，完美風暴就很難發生，也不會頻繁出現。然而，這場完美風暴帶走了三位我們最愛的人。此外，我們也會任意去責備肇事的司機，把怒氣轉移到他的身上。然而，這樣做不但完全不合乎人道，也是錯誤的，而且是完全麻木不仁的。所有對這位司機感到憤怒的人，請不要發怒。其實，那個男人當天下床時並沒有對自己說他想要殺害三個人。如果你去責怪他，那麼你就是不明究理。每個人都必須明白，這個人跟我們所有人一樣，也會感受同樣的痛苦。

當你在新聞、電視、報紙上看到這些事情發生在別人身上時，可能從來沒有一次（甚至連一次都沒有）想過這種事情會發生在你認識的人身上，更不用說是發生在你的親友身上，或者你的姊妹或媽媽身上。然而，就像魯弗斯（Rufus，艾德的堂兄）在出事當晚所說的那樣：「真的出事了。」魯弗斯那晚還說了其他安慰我們全家人的睿智話語。最重要的，在這樣難熬的日子，我們全家還能彼此安慰守護。

感恩一直在我的生活中扮演重要的角色。我多年來養成了一種習慣，就是會讚美自己的生活，並對自己擁有的一切心存感激。艾比也會這樣：她過去常常因為自己所擁有的一切而感動不已——我記得自己小時候也曾經這樣。在我面對喪親之痛時，這個習慣最初對我不利，因為我會不斷想到自己的生活變得有多麼糟糕。然而，隨著時間的推移，我的感激之情又回來了。我已經能夠堅定面對艾比的死，並且著眼於她生前美好的那一面。我經常發現自己在想我們有多麼幸運，能有艾比陪伴兩個兒子一起長大，所以我希望我會逐漸釋懷，日後能夠回顧孩子們的童年歲月，回想我們家那段完好無缺的歲月，以及享受毫無瑕疵的美好回憶，不去想艾比的早逝。心懷感恩還有助於將我的注意力拉回到兒子們身上，然後著眼於我們所擁有的一切，而不會讓我一直在意我們失去了什麼。

愛是我的後盾，某種靈丹妙藥，可化解所有痛苦的良藥。當苦難襲來時，我必須依靠愛來將我拉回現實世界並轉移我的注意力。我們愛的能力時常讓我驚訝。當人失去所愛之人以後，經常會變得更有同理心。我們痛失愛女以後更敏銳地意識到人際關係有多麼重要：人與人的關係是多麼脆弱和珍貴。我在事故發生以後，感覺自己更不會去批判，反而更願意接納別人和友善待人。此外，積極去幫助他人可以讓我們擺脫桎梏，從自身喪親的痛苦中解脫出來。我想起曾和朋友一起散步和聊天，詢問他們那年的生活，結果朋友說：「你不會想聽我的煩惱的。」我那時就跟他們說，我真的想聽他們吐苦水。這樣做能讓我超越自身狹隘的世界。然而，請各位記住我在上一章中所說的話：別人拿他們的悲傷與我們現在的悲傷比較時會讓我們非常沮喪。我們顯然要劃出一條明確的界線。有時候喪親的人聆聽他人的苦水和參與別人的世界最能獲得療癒效果，而我認為訣竅是要接受別人的建議。

在過去的一年裡，我懷著**好奇心**以及**熱衷學習**，讓我更加深入去探索悲傷和喪親之痛。我不停閱讀，盡我所能吸收各種研究結果、部落格文章、詩歌和個人故事，希望從中找到答案，讓我更了解悲傷的過程，找到缺失的關鍵部分，並從別人的經驗中獲得慰藉。當我知道別人也有同樣的感受和經歷以後，真的感到如釋重負，感覺自己不那麼孤獨，而且說白了，這也讓我不那麼氣憤了。

我為了寫本書曾做過不少研究。我和別人交談過，這些人說他們喪親以後性格發生了變化，還告訴我有哪些力量幫助他們化解悲傷。例如，我的同事伊萊恩・奧布萊恩

（Elaine O' Brien）博士指出：「學習、找出和運用VIA性格優勢非常重要，能夠幫助我面對喪親之痛。」[4] 她舉了下面的例子，說明勇敢、善良、幽默、感恩和靈性如何幫助了她。

她指出：「當我父親的全部身體系統幾乎停擺時，**勇敢**對我來說就很重要，讓我可以保持警醒，勇於替家人發言。我父親口頭說過他想要『安息』，但他的醫療團隊卻違背他的願意，不斷去折磨他，給他安排一項又一項的治療程序。我為我父親想要的東西大聲疾呼時，醫生卻常常置若罔聞。即使在我父親去世以後，我仍然繼續發聲，針對醫生糟糕的護理和溝通方式寫信給醫院抗議，並且鼓勵民眾開始去探討病人的臨終願望。我不希望別人經歷我們家（尤其是我父親）的遭遇。」

「我的丈夫肖恩（Sean）一直**善待**和關懷我父親，尤其是在我父親被『關起來』並且中風不能說話之後，他還是這樣做，我看到肖恩這樣，便重新愛上了他。我的女兒蓮娜（Lianna）在我父母臥床期間一直悉心照顧我，真讓我感到溫馨。我非常驕傲有這樣溫柔體貼、心地善良的女兒。我發覺到關心我和我家人的外人所給予的安慰和關懷，讓我絕望時得以振作。當我感到毫無希望或悶悶不樂時，便以**幽默**面對生活，同時想起那些真正享受生活的朋友，這樣做就能激勵並鼓舞自己。」

「了解跨文化的**靈修**（spiritual practice），探索不同的記念、崇敬和記憶的方式，以及背誦兒時唸過的祈禱文，讓我在黑暗的日子裡得到安慰。」

其實，有充分的證據表明，參加宗教儀式與復原力有密切的關聯。[5] 雖然並非所有人都適合信教，但加入宗教團體以後，便有人可彼此扶持，還能找到生活目標。進行復原力研究時，經常探討的一項主題是人是否該擁有一套很難用經驗去打破的信念。查尼指出，這些不一定是宗教信仰：「對於我們遇到的許多人來說，這些是傳統意義上的信仰，也就是信仰宗教，但在其他人眼中，這並非一種宗教，而是很重要的精神寄託，或者擁有道德指南或找到人生目標，讓人得以熬過艱難時期。」[6]

找出你的標誌性優勢

雖然研究指出，性格優勢有助於緩解壓力並提高應對能力，但還沒有太多研究專門調查性格優勢能夠如何化解悲傷。因此，為了進行我自己的研究實驗，我決定根據二十四種優勢化解我的悲傷的程度來重新調查ＶＩＡ性格優勢（VIA Character Strengths）。

如果要進行這項評估，最好前往 www.viacharacter.org。各位只要輸入本書的獨特識別碼（nGnl11），就可為我對性格優勢與悲傷之間關聯的研究做出貢獻。你可以匿名，我絕不會洩漏你的個資。「行動中價值研究所」（Values In Action Institute）的研究人員秉持嚴格的科學道德標準，只會透過 excel 表格向我提供原始分數，以免我認出哪些人做了評估。

如果各位想要採用另一種比較不科學（但更直接）的方法，請按照下列說明來操作。

步驟一

查看下面列出的優勢，根據1到10來對每一項優勢評分，其中1是「我在悲傷時沒有用過這項優勢」，10則是「這項優勢對於化解我的悲傷至關重要。」請不要隱瞞，要說實話，給它們打分數時要根據你目前的情況，而不是你想要的樣子！在每項優勢旁邊打一個分數。

1. **創造力（獨創性、別出心裁）**：以新穎和富有成效的方法來做事，及將事物概念化。這不只侷限於藝術成就。
2. **好奇心（興趣、求新求變、樂於體驗）**：樂於體驗持續發生的經驗，找到引人入勝的主題和話題，持續探索和發現。
3. **判斷力（批判性思維）**：把事情想透，從各方面去審視；不倉促下結論；能夠根據證據改變想法；公平權衡所有的證據。
4. **熱愛學習**：無論靠自修或透過正規的指導，能夠掌握新技能、主題和知識體系；這顯然與好奇心多強有關，但只有好奇心又不夠，它是一種傾向，能夠有系統地讓你懂得更多。

5. **觀點（智慧）**：能夠為他人提供明智的建議，你本人和別人都認為你看待世界的方式很有道理。

6. **勇敢（勇氣）**：不因威脅、挑戰、困難或痛苦而退縮；即使有人反對，也勇於為對的事情大聲疾呼；就算不受人歡迎，也會根據信念行事；包括但不限於身體層面的勇敢。

7. **毅力（堅持、勤奮）**：做事不會半途而廢，儘管面臨障礙，仍然堅持不懈；「做事要有成果」，以完成任務為樂。

8. **誠實（真實、正直）**：說出真話，更能不做作且誠懇任事；不虛假偽裝；誠實面對自身感受，以及對自己的行為負責。

9. **熱情（活力、熱忱、精力、能量）**：以熱情和活力迎接生活；做事不馬虎；把生活當作一場冒險；感覺充滿活力和精力十足。

10. **愛**：重視與他人的親密關係，尤其是相互分享和彼此關懷的關係；與人親近。

11. **仁慈（慷慨、養育、關懷、同情、無私的愛）**：做好事幫助他人；協助別人和照顧他們。

12. **社會智能（情商、個人智能）**：能體察自己和別人的動機與感受；知道如何融入不同的社交場合；知道別人行事的理由。

13. **團隊合作（公民身分、社會責任、忠誠度）**：成為團體或團隊的良好成員；忠於團體；做好份內該做的事。

14. **公平**：按照公平正義的理念，對所有人一視同仁；不要讓個人情緒影響對他人的評判；給每個人公平的機會。

15. **領導力**：鼓勵你所在的團隊完成工作，同時與團隊成員維繫良好的關係；籌組小組活動並確保活動能夠進行。

16. **寬恕**：原諒做錯事的人；接納別人的缺點；給別人第二次機會；不記仇。

17. **謙虛**：做出一番成就，讓別人來認可；不要認為自己很特別。

18. **謹慎**：做選擇時要小心；不隨便冒險；不說出或做出日後可能會後悔的言語或事情。

19. **自我調節（自我控制）**：控制感受和調整行為；遵守紀律；控制食慾和情緒；為了長期利益，能夠克制短期慾望。

20. **欣賞美麗和卓越（敬畏、驚嘆、昇華）**：留意和欣賞生活各個領域（從自然到藝術、從數學到科學，再到日常經驗）的美麗、卓越和／或高超表現。

21. 感恩：意識到並感謝發生的好事；要花時間去向人表達謝意。

22. 希望（樂觀、面向未來、未來導向）：期待美好的未來並努力去實現它；相信可以實現美好的未來。

23. 幽默（風趣）：喜歡開玩笑和逗弄別人；給別人帶來歡笑；能看到光明的一面；能夠鬧（不一定是講）笑話。

24. 靈性（信念、目標）：有一致的信念，認定宇宙有更高的目標和意義；知道你在更宏偉的生活計畫中所處的位置；對於塑造行為和讓人舒適的生命意義抱持信念。

步驟二

查看你得分最高的五項優勢，問你自己以下問題來找出你的「標誌性優勢」。

這是真實的我嗎？

我喜歡運用這項優勢嗎？

運用這項優勢會讓我充滿活力嗎？

寫下你最強的「標誌性優勢」：

1. ______
2. ______
3. ______
4. ______
5. ______

選擇其中一項標誌性優勢，試著在下個禮拜更常去運用它。

問你自己下面的問題：

你是怎麼找到這項練習的？

你填寫這份調查以後學到了什麼？

在這些優勢之中，哪些更能幫你化解悲傷？

指出是哪些優勢？

你在某項優勢上的得分是否比你預期的高或低很多？

當你運用——優勢時有什麼感覺？

誰在你身上看到這種優勢？

你的伴侶呢？你在他們身上看到什麼樣的優勢？

你認為哪些優勢屬於你的家庭優勢？

你過去什麼時候運用過這種優勢？

你會如何運用這些優勢來化解悲傷？

你現在可以在何種生活層面來運用這些優勢？

第十二章

休息和運動，緩解疲憊和憂鬱

悲傷會讓人筋疲力盡。女兒離世後過了九個月，我只要時間允許，下午就會去午睡，部分原因是我覺得一切毫無意義，但通常只是因為我感到疲倦。悲傷和我在生活中遇到的其他問題截然不同。我發現自己感到困惑和沮喪，因為悲傷根本永無止境。當我有工作要做時，我通常會制訂一項如何完成工作的計畫，然後全力以赴、解決問題和持續不懈，最後把事情辦完。工作完成以後，我會休息一下，然後重新開始。但是我面對悲傷時，感覺一切似乎沒有盡頭，完全無法休息。如果這只是一處上坡，便可以說服自己，說我可以辦到的：向上，向上，向上，一直努力爬坡。然而，辛苦爬完坡以後，路不是改為可輕鬆而行的下坡，橫亙在眼前的，反而是另一座山。有時它是一座小丘，有時又是一座大山，有時又會發現自己處於一種平靜的接受狀態，整個人位於上坡路段之間的一條溝壑。然而，我必須一次又一次地向上走，難怪一直感到很累。

要順利化解悲傷，需要妥善管理精力。我首先是對自己承認我很疲倦，然後跟其他人說我很疲倦。現在特雷弗和我一遍又一遍地談論疲倦這檔事，尤其是在禮拜一早上，這個時間總是最糟糕的。

他會說：「我想我一定是感染了某種病毒。」我會回答：「或許是這樣。但更有可能的是，你只是因女兒不在了而悲傷，所以一直很疲倦。」

要順利化解悲傷，需要妥善管理精力。

我們自己承認這一點之後，也要讓別人知道這點，這樣做很重要。如果我沒有告訴別人我會經常感到疲倦，他們可能會誤以為我們聚會時提早離席或提早下班的舉動很粗魯、不認真或不負責。即使在九個月以後，我還是告訴他們，說我經常非常疲倦，但我只是需要離開，或者在車裡或辦公室的沙發上小睡二十分鐘，就不會感覺很糟或不知所措。正如我先前所說，我試圖盡快恢復正常運作的部分基本規則，是我需要化解悲傷時不會忽視悲傷的跡象。下圖概述了應該採取的步驟。

承認自己很疲倦——悲傷會讓人筋疲力盡，這是正常的。

↓

告訴別人你很疲倦——他們不會讀心術，你要讓他們知道你的感受。

↓

務實面對你可以實現／做的事情。

↓

規定睡眠／恢復時間——「小睡來恢復精力」，週末規則。

悲傷也讓人筋疲力盡，因為無法擺脫它。許多人預訂了假期或者打算去某個地方度週末來放鬆一下，結果卻發現悲傷是不管地域界限的？它會如影隨形。我們發現，學校假期是最糟糕的。至少在學期期間，我的兩個兒子會和我們一起待在家裡，大家雖然忙於學校課業和日常工作，也能彼此聯繫。一到了學校放假，我就發現自己經常獨自一人。夏天到了，兒子們有時會不在家，不是到朋友家小住，就是參加運動營，我們會一連好幾天獨處，有太多胡思亂想的時間。我們感覺第一個新年和暑假漫長而痛苦。

練習：制訂緩解疲勞的計畫

下面哪些是你可以處理的？你做哪一項時可以好好休息？找出適合的時間和地點，讓你持續去做某些事情。

- 能睡就睡（小睡二十分鐘真的很有效）。
- 找一處安靜的地方（汽車內、辦公室的安靜角落、床或沙發），好好喝一杯咖啡，然後安頓下來，睡上二十分鐘；你喝了咖啡，不必調鬧鐘就能自動醒來，等你睡飽了以後，喝下的咖啡也會讓你精神百倍。我不是要叫你喝太多的咖啡，但如果你戒不掉咖啡，這就是很有效的辦法。
- 注意平日的就寢時間——盡量不要因為忘記在適當時間就寢而讓你感覺更加疲勞。
- 週末時要留意。一旦週末熬兩個夜，下一個禮拜就會精神不濟，讓一切事情變得更為艱難，也讓你更加痛苦。此時就要在週末時發揮自律的精神。

出外走走

長期以來，我一直鍛鍊自己的心理健康，而不是身體健康。然而，我知道如果我每天不出去走動，脾氣就會變得有多麼暴躁，而且我根據自己進行的實證研究，鍛鍊身體是保持健康和獲致長壽的關鍵。塔爾．班夏哈（Tal BenShahar）是前哈佛大學講師，也曾出版過幾本書。[1] 我經常引用班夏哈的話，而他說過，不運動就像服用鎮靜劑（depressant），也就是說如果人不鍛鍊身體，就像是服用讓人憂鬱的藥丸。不運動就會如此影響生活。這項研究無可爭議：運動就是良藥。[2]

「鍛鍊身體能讓人感覺愉快；其實，有些研究指出，只要定期鍛鍊身體，每週運動三次，每次做三十到四十分鐘的有氧運動，譬如慢跑、散步、做有氧運動或跳舞等，其效果就等同於某些治療憂鬱症、悲傷或焦慮的精神科強效藥物。生活在這個社會，大家已經習慣久坐不動。我們會將汽車停在工作場所的旁邊或搭乘火車，不像從前的人會走那麼多的路。幾千年以前，人類的祖先平均每天走八英里的路。我們今天走了多遠？嗯，這要看我們把車停在哪裡。我們為此付出了高昂的代價，因為人天生就不能久坐不動的。我們生來就是要活動筋骨。」[3]

在艾比去世以後，班夏哈的話在我腦海中浮現。我知道每天運動要比以往都更加重要。此外，我也有幸學習了健身心理學（exercise psychology），這是一個致力於鼓勵人運動的科學領域。沒錯：運動心理學家關注的是如何讓職業運動員跑得更快和變得更強壯，而健身心理學家主要關注的是如何讓普通人離開沙發並且更頻繁地運動。

我從健身心理學了解到，人類生來就是要一直在戶外活動。斯蒂芬·伊拉迪（Stephen Ilardi）在他的偉大著作《治療憂鬱症》（*The Depression Cure*）中寫道：「在二十一世紀的世界，人們營養不良、久坐不動、長期待在室內、睡眠不足、與社會隔離、生活節奏極為快速，但人類天生就不適合過這種生活。」[4]

機械化以後，人在平時便缺乏運動：我們會按下按鈕和輕觸開關，讓自己從A地被運送到B地、洗衣服、吸地板、揉麵包、烤食物，甚至切換電視頻道。人類所有的聰明發明都讓人不必運動，因此我們現在每單位身體質量的平均能量消耗還不到石器時代祖先的三八％。[5] 舊石器時代的人類為了尋找食物和水，平均每天要步行五到十英里，但到了二十一世紀，人根本不需要移動身體、推或拉東西、打獵或採集食物。因此，我們精神不濟，身體也虛弱，而且更糟的是，活動筋骨如今已成為一種選擇。我們必須選擇去運動，而不能選擇不運動。對於多數人來說，選擇去運動非常困難，這顯然不是容易的抉擇，尤其是在我們悲傷的時候。然而，當我們飽受壓力時，就更需要出外走走。規律鍛鍊身體確實是讓心理健康的靈丹妙藥。

我說的不是跑馬拉松。我所謂的身體活動是不需要穿彈性纖維衣服去運動或上健身房。只是出去走動，每天花半小時，到街區走走就很好。這項研究的結果是不可否認的：做有氧運動可以改變大腦，而鍛鍊身體是預防壓力、負面影響的方法。此外，曬太陽也是有益心理健康。伊拉迪非常推崇在大自然中進行的「綠色運動」：「雖然在陽光明媚的日子外出就可以讓人心情愉快，但光照與憂鬱症之間存在更深層次的關聯——它涉及體內的生理時鐘。其實，大腦會測量你每天獲得的光量，並且運用這項訊息來重置你的生理時鐘。如果沒有足夠的光照，生理時鐘最終會失去同步。這種情況發生時就會打亂調節能量、睡眠、食慾和荷爾蒙濃度的重要晝夜節律（circadian rhythm）。一旦這些重要的生物節律遭到破壞，就會反過來引起臨床的憂鬱症狀。因為天然陽光比室內照明要亮得多（平均比室內照明亮一百倍），只要曬半小時的陽光，就足以重置你的生理時鐘。即使烏雲密布的自然光線也比多數人屋內明亮數倍，暴露幾個小時就能適當調節晝夜節律。從黎明到黃昏都待在室內的人，經常會發現他們的生理時鐘出現了問題。[6]

然而，運動既然是一種選擇，我會第一個跳出來說，選擇去運動並不容易。不太認識我的人會以為我很喜歡運動。我在某些方面確實如此，但我也非常討厭運動。我討厭天還沒亮時就被鬧鐘吵醒；我睡前調鬧鐘時會自憐自艾；我綁鞋帶時經常會生悶氣；如果出於某種原因，我在早上找不到車鑰匙，我會很高興地取消運動，躺回床上睡懶覺。

規律鍛鍊身體確實是讓心理健康的靈丹妙藥。

根據健身心理學，這些是阻止我運動的「障礙」。其他的障礙還包括：我只是懶得運動；我討厭跑步，我寧可在床上多睡一個小時；我體力不好，無法跟上陪我一起跑步的人；外頭正在下雨／太冷／太暗／太熱；我宿醉了，動不了；或者，我目前因為悲傷而感到疲倦。是的，人有很多阻止自己運動的障礙。

雖然有阻礙運動的障礙，也有所謂的「推動因素」，亦即鼓勵我們出外的原因。例如，跑步很便宜（除了每年買一雙新鞋，什麼錢都不必花），它很有效率（只需要跑半小時，就可以獲得一長串有益身心健康的好處），跑步也能和別人社交（經常和我一起跑步的朋友就成為唯一每天陪伴我的朋友）。就我而言，跑步還能讓我到戶外去活動。最好的運動是什麼？散步也有以上所有的好處。散步很便宜、有效率、能和別人社交，而且最棒的是，要散步就得到戶外。

散步是我最喜歡的運動，而且好處多多。我通常會與特雷弗和狗狗傑克一起去散步。然而，偶爾就只有我們兩個，感覺人太少，圈子太小，讓我有幽閉恐懼症的感覺，於是我出於本能，知道需要請別人來一起散步。我那時就會發短信或打電話給朋友，請他們來陪伴我們。不過，我有時候喜歡一個人走路，讓我可以思考、哭泣和反思發生的事情、想想自己的感受和應對方式。我會趁著散步時去自我檢查。

如果你以前很難養成規律的運動習慣，找出運動的推動因素就非常重要。你要知道自己有哪些障礙，要去解決它們，或者找出能夠克服它們的推動因素，這兩件事是一樣重要的。你不妨回答下面練習中的問題來找出自己的障礙和推動因素。

當你悲傷時卻要開始進行日常鍛鍊，最初看起來可能會增加你的負擔而無法幫助你。但是請記住，我說的只是每天三次、每次散步十分鐘。當你開始要運動時，旁人的支持也可能是關鍵。斯蒂芬·伊拉迪寫道：「其實，憂鬱的大腦啟動活動的能力已經受損，因此那些與憂鬱症搏鬥的人通常很難開始做任何新的事物。然而，如果別人可以幫助他們起步，這些人通常可以順利完成一項新的活動。」[7]我的朋友凱特幫助我重新去游泳。她開車載我去游泳池，也知道我偶爾只能游十趟游泳池的長度。她讓我覺得游泳是一項愉快的活動，不是一件苦差事，讓我每週都願意去游泳一到兩回。沒有她，我絕對無法堅持下去。

如果你很難養成並堅持每天鍛鍊身體的習慣，詹姆斯·普羅查斯卡（James Prochaska）的變化模式（change mode）會讓你理解為什麼你以前擺脫不了舊習，以及你可以如何去堅持新的習慣。普羅查斯卡和同事發現，人必須經歷五個步驟才能養成一種新的習慣：①**前意圖期**（無意改變但意識到一個想法）；②**實際的意圖期**（首度認真考慮要改變習慣）；③**過渡到準備期**（考慮涉及的困難，而且可能具體列出目標）；④**行動期**（開始做新的行為）；⑤**最後到維持期**（想出預防故態復萌、重拾舊習的策略）。[8]

當你開始要運動時，旁人的支持也可能是關鍵。

他們的研究還揭露了兩個關鍵證據，表示該如何養成持續且根深蒂固的運動習慣：首先，我們是否準備好養成這種習慣，是能否成功的重要指標（換句話說，仍處於前意圖期的人絕對不會被人說服去經常鍛鍊身體）；其次，在我們真正養成新習慣並持續下去以前（也就是達到變化模式的維持期），許多人必須經歷其中的某些階段好幾次。然而（這是讓我們感到有希望的一點），每次這樣做，都會更加了解我們改變以後會變成什麼模樣。普羅查斯卡說道[9]：「在達到長期的維持期以前，多數想自我改變的人會重複經歷各個階段好幾次。」他指出，要養成根深蒂固的新習慣，不會以穩定的線性進程來發生。他的模式就像開瓶器，會以螺旋方式不斷向上發展。各位不妨花一些時間想想你目前處於普羅查斯卡模式的哪個階段，以及你需要做什麼才能進入下一個階段。

促進日常運動的練習

我舉辦過專業發展研討會，旨在幫助員工變得更有韌性。我會使用八管齊下的策略來鼓勵他們平常去運動：

1. 問自己下面的問題，找出如何才能鼓勵你去多運動：

- 我想為誰做這件事？
- 做了會有什麼不同？
- 為什麼我／他們會在意這件事？
- 如果我多運動，我會有什麼感覺？

• 不多運動的後果是什麼？

2. 每週計畫。要提前制訂活動的 4 W 問題：

• 你這週打算和誰（Who）一起運動？

• 你打算什麼時候（When）運動？

• 你想要從事哪些（What）活動？

• 你會在哪裡（Where）運動？

3. 不要被「運動」這個詞嚇跑了：別去想運動這件事，只要多活動筋骨就行。

4. 靈活一點：有時候你做不到你最想做的事，偶爾你就是起不了床。如果遇到這種情況，你可以做哪些較細微的事情來維持運動習慣？

• 在上午十點左右走路到附近的咖啡店，不要開車去。

• 請朋友和你一起遛他們的或你的狗。

• 到了公司要爬樓梯，不要搭電梯（只要你做過一次，就有可能再做一次）。

• 盡量把車停到離超市較遠的地方，然後走路過去。

• 不要開車上班，改搭大眾運輸工具通勤。

5. 善待自己：悲傷會讓人筋疲力盡，別給自己設定艱苦且不切實際的鍛鍊目標。盡你所能，只要有運動就行，這樣總比不運動好。

6. 報名參加一項活動來讓你更有動力：找到吸引你且易於從事的活動（可能是有人發起的散步或騎自行車活動）。

7. 養一隻狗：我長期以來一直認為，養狗最能讓人感到幸福：狗狗能提供愛，需要我們帶牠散步，也會讓我們發笑。我家的狗一直是富有同情心的朋友，也是化解我們悲傷的最佳良方。

8. 使用 Fitbit 智慧手錶監測你的日常活動模式：使用目標設定和反饋軟體，這樣就能讓你更有運動的動力。

將運動和社交融為一體

伊萊恩・奧布萊恩博士根據她對社會適能（social fitness）重要性的學術研究，開設了二十多年的「健身跳舞」（FitDance）運動課程。她基於「促進優勢的正向愉快運動」（Positive Enjoyable Exercises Promoting Strengths，簡稱 PEEPS）的原則，建立了一個由七十一歲到八十一歲年長運動者組成的社群，然後一直維持下去。當我第一次見到伊萊恩時，我在想這個充滿活力的女人必定為她那群年邁的運動長者付出許多心血。伊萊恩眼見父親去世而傷慟之際開設了這門課程，而當我為了寫本書去更深入去探究以後，發現這樣做對她來說可謂是雙贏。

伊萊恩解釋：「開那堂課讓我找到生命的意義和目的，並且讓我因喪親悲痛而陷入低谷時支撐了我。」FitDance 是根據「模合」（moai，沖繩的一種習俗，一群好友互相支持，分享生活的幸福和痛苦，並且為了共同目標而努力）來成立，旨在幫助成員提升心血管健康、增強優勢、獲取平衡、更加靈活，以及追求核心發展。然而，同樣重要的是，它明確指出社會適能，目的是要建立和促進與會者之間的親屬關係和情誼，讓大家彼此扶持。伊萊恩說道：「模合是大夥可以歡笑、哭泣、獲得力量和給予支持的安全場所。我們 FitDance 計畫中的模合提供了一個機會，創造讓團隊的每位成員彼此商議、關懷和找到人生目標的機會。」

「我的舞蹈／健身計畫中的許多優秀女性都已經喪偶，有些已經喪偶多年。這些充滿活力的高齡婦女過著充實的生活，讓自己與更多人聯繫起來。我完全能夠體會人面對喪親之痛時，與他人、環境和我們本身的關係是這個過程中真正重要的部分。我班上的女人知道我愛她們並且關心她們。每個人都曾陪伴我，幫助我度過了人生中最黑暗的時光。許多團體成員已經參加五到十五年的 FitDance 計畫，而且會熱烈歡迎新成員加入這個健身培訓課程。它已經發展為充滿愛心的社會支持網絡。」

奧布萊恩博士熱衷向外界宣揚 PEEPS（將運動作為積極的生活策略，讓它變得愉快，使參與者一直想要回來運動）對於建立治療關係以及讓個人、工作場所和社區充滿活力且興旺的重要性。她認為：「堅強的心智、體魄和精神可以為復原力提供美麗的框架，幫助我們振作起來去面對悲劇、喪親和悲傷。」

她還為努力想開始和保持規律運動的人提供下面的建議：

- 在理想情況下，應該要有一個有趣的因素才能讓人維持運動的興趣，要提供一些挑戰和鼓勵，讓參與者想要更多。讓運動變得有趣好玩，這樣就更有可能讓你繼續養成愉快運動的習慣。
- 要自我照顧和自我同情。好好休息、適當運動、吃得好、出門去呼吸新鮮空氣，並且照顧好自己。我們需要先照顧好自己，然後再照顧別人。想一想搭飛機時戴氧氣面罩的法則：先戴好自己的面罩，然後再幫孩子戴面罩。
- 最會破壞運動習慣的做法是一開始時做得過快或過猛。在理想情況下，剛剛運動的人要傾聽身體的訊息，以舒適但有點挑戰的速度去鍛鍊身體，然後適當調整運動，每次都要有所改進，要運用各種形式的運動並考慮平衡運動，採取不同的強度（再次讓自己有所進展），運動時嘗試去持續長短不同的時間，以及試著在一天內以不同的頻率去運動。
- 訂一個散步的日子，如果能和朋友一起散步，那就更好了。當你散步時，記得要各項活動混在一起。先從簡單的熱身開始，要讓你和朋友有時間欣賞風景，並在設定好的時間（五分鐘）以後加快行走的步伐。你甚至可以從五秒鐘的高強度步行開始（走得更快、步幅更長，但要注重姿勢，以及讓彼此齊行）。進行高強度步行一段時間以後，回到更適中的步伐。改變動作會產生強大的衝擊力，不僅可提升身體強度，讓認知更清楚，也可以使情緒更穩定。

- 想一想你小時候喜歡哪些活動，看看可以如何修改，讓你可以現在去做這類活動。
- 請記住，運動與心靈的關聯就像它與身體的關聯一樣。你這樣一想，可能會更有運動的動力！[10]

重新評估和更新

REAPPRAISAL AND RENEWAL

第十三章

重新評估你的美麗新世界

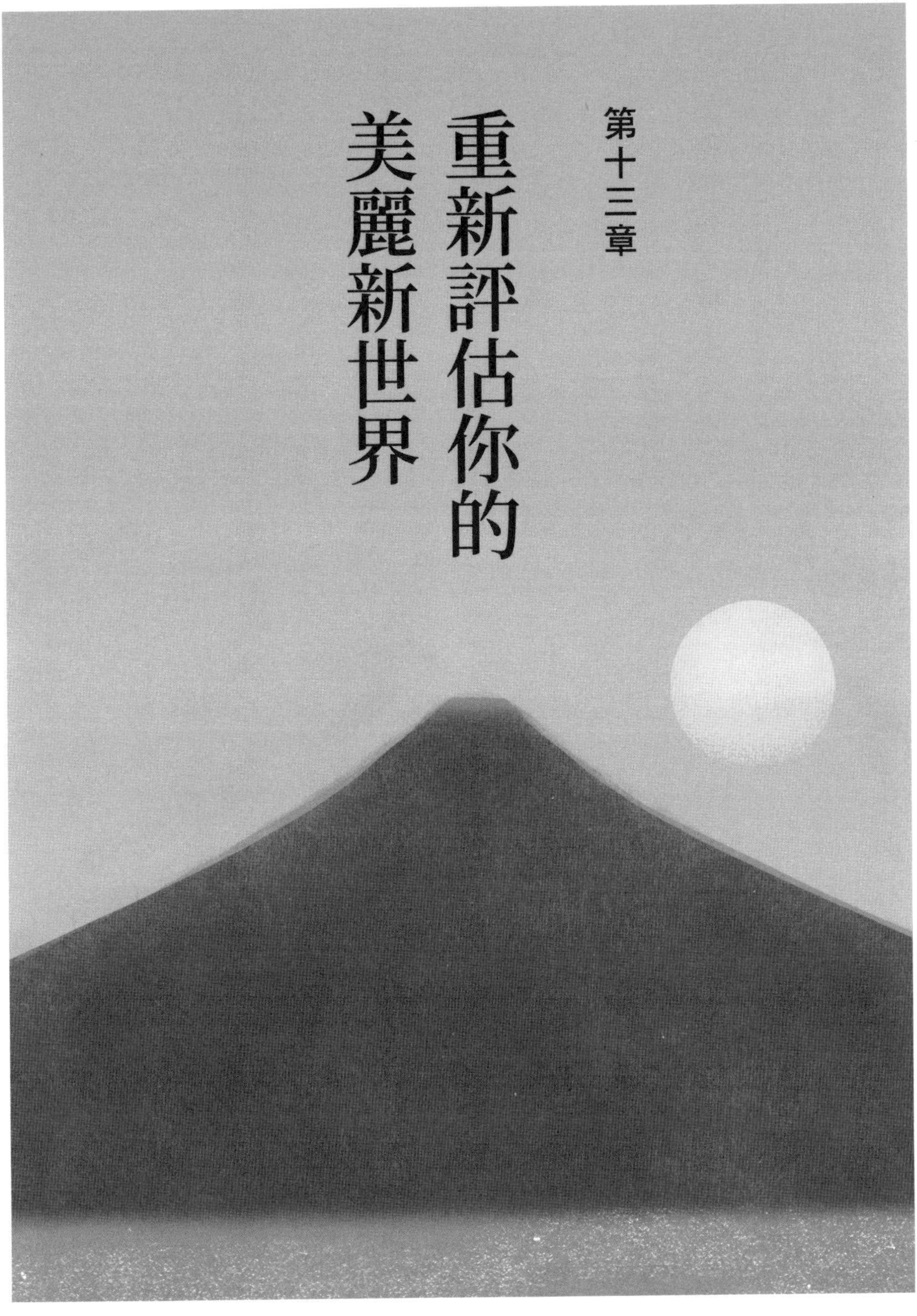

研究喪親之痛的專家普遍認為，人在親人去世以後經常會失去生活的意義。如果要去調整，就得看透喪親對個人的影響，並且構建某種新的生活方式。[1] 喬治・博南諾說道：「喪親之痛對人的衝擊甚大，即使對最有韌性的人來說也是如此，它有時會大幅改變我們對人生的看法。多數人通常都忙於生活，絲毫沒有想過生死的問題，親人去世以後，遮蓋這些存在問題的帷幕往往會被揭開，至少是暫時如此，迫使我們以更廣闊的視角看待世界，同時思考我們在其中所處的位置。」[2]

我們所愛的人一離世，就會震撼我們身處的世界，讓我們偏離預期道路，也會粉碎我們的安全感，讓我們不再感到安全，也會迫使我們嚴肅提出質疑，嗯，幾乎所有的事情：我是否從事對的工作、我是否住在對的地方、我找到的伴侶是否是對的，以及如果人人都得死，活著還有什麼意義？如此可怕的事情都會發生，我愛的人都一定會死去，那麼我該如何繼續過正常的生活？我該如何相信這種事不會再度發生？人生的目的和意義究竟是什麼？

死亡血淋淋地提醒我們，生活沒有保證，我們不一定能指望明天。簡而言之，喪親會促使人去重新評估生命。關於這一點，湯瑪斯・阿提格寫得很棒，他提到喪親之痛如何連根拔起我們的靈魂並撼動我們的精神。說到底，這終究是一個**重新認識世界**的過程。他說道：「我們最終必須拾起勇氣、信念和希望來重新融入這個世界、試探地邁出第一步，失敗後再試一次，逐漸做得更好，最後重新學習如何在因為喪親而大幅改變的世界中生活和行動。」[3] 他繼續寫道：「後續的章節（日子）不會像我們預期、希望或夢想地那樣展開。」原本連貫的生活被粉碎後喪失了意義。歡迎來到你的新世界。

我在艾比死後花了一段時間才明白這一點。我的口頭禪變成了「相信這個過程」，也就是相信自己最終會能夠適應這種新常態，並且有朝一日，這個未知的新土地會生出希望、意義、目的和愛。我知道自己在艾比去世以後變成另一個人，有一條鮮明的界限貫穿我的生活，劃分艾比死前和死後的時間。我分成了舊我和新我。

最大的困難是重建我們的世界秩序，要以某種方式讓發生的事情與我們的整體生活保持一致。我弟媳的母親在艾比去世後的第一週寫信給我，分享了幾年前她丈夫突然去世時她獲得的建議：「妳永遠無法克服這件事，妳永遠不會好起來。一旦妳接受了這一點，妳就知道自己永遠不想克服它，只想讓它與妳同在，讓它成為妳生命的一部分。」

我們需要學習去想像沒有艾比陪伴的充實未來。我們作為父母，先前不斷幻想孩子未來幾年可能會成為何種模樣。我們逐漸習於滋養孩子們的希望和夢想，而且無論有意或無意，我們已經私下在閒聊艾比長大以後會怎麼樣。她給了我們線索，我們便據此來建構未來的她。等她上了初中／高中，她就會成為「解決未來問題者」（Future Problem Solvers）＊和辯論隊的一員。有一天放學以後，艾比走過前門時問我：「媽媽，人有沒有可能會過於專注於解決問題？」我看著這位熟悉解決方案概念的十二歲女兒，便笑了起來。她總是會針對我的工作向我提問，並且每天會在學校的感恩日記中潦草寫下有點瘋狂的字句。我告訴艾比：「總有一天，我們會一起出版這些文字，書名叫做《*Hone & Hone, 2030*》（大霍恩與小霍恩，2030年）。」

一旦主角不在了，這些單方面的相思和無法落實的夢想會怎樣呢？我們無法把它們關掉，只能被迫逐漸改寫未來，找出新的生活計畫。我知道自己只要看到穿著比基尼無憂無慮跳舞的金髮女孩就會想起艾比，也知道只要我去紐約遊玩時一定會想到艾比生前曾夢想有一天要去紐約奮鬥（或者西班牙、義大利。從好的方面來說，艾比永遠不會嫁給義大利男人，因為特雷弗曾經做過惡夢，害怕她真的會幹這種事情）。我到現在仍然喜歡想像要為艾比舉辦二十一歲的生日派對。我們一家和她的朋友會聚在一起，用淚水和歌聲把我們帶回從前，慶祝她短暫的一生。我們會幻想可能發生的事情，也會承認我們一起失去的東西。然而，我知道自己現在必須將未來的想像集中在我家的四個成員身上，不是五個人身上。我正在改寫未來。

要順利化解悲傷，重要的是要根據所發生的事情來找出生命的意義，然後將其融入到新的生命。研究指出兩種不同類型的意義與悲傷情境特別有關聯。它們分別是「創造意義」（sense-making）形式和「發現益處」（benefit-finding）形式的意義。

要順利化解悲傷，重要的是要根據所發生的事情來找出生命的意義，然後將其融入到新的生命。

＊譯註：Future Problem Solving Program International（FPSPI）是國際未來問題解決計畫，這是一項非盈利的教育計畫，旨在籌組學術競賽，讓學生根據假設的情況運用批判性思維和解決問題的技能。

「創造意義」就是喪親者將死亡納入自身的世界觀，從中尋出個道理來。舉例來說，知道吸煙者會死於肺癌、認定所愛的人回到上帝的懷抱，或者（在我們的例子中）死神對萬物一視同仁，誰都隨時可能發生事故。

當我們承認喪親會帶來正面的結果（重新認定生命寶貴、具備更寬廣的視野、改善人際關係，以及更能對別人有同理心和同情心）進而從中獲得生命意義時，就會「發現益處」。[4] 我寫本書時曾與某位遭受一連串創傷事件的婦女通信，她有兩個需要連年動手術的孩子，不僅如此，她還流產過。當我們討論悲傷時，艾麗西亞．阿薩德（Alicia Assad）擔心自己沒有像許多讀者那樣曾有親人死亡。然而，在那些動盪的歲月裡，她與孩子們的經歷無疑讓她感到失落，層層的創傷迫使她重新評估自己的生活，因此喪親者可以從艾麗西亞的經歷中學到一些東西。她因為自身的經歷而去親自研究復原和創傷，最終建立了一個網站，該網站包含本書中提到的許多工具（樂觀、正念、希望和關係）：請參閱 www.beautifulcrisis.com。

艾麗西亞寫道：「我起初希望我的家人不要再遭遇困境了。然而，我經歷多次創傷事件以後，核心信念破滅，不得不在『失去希望』和『重新定義希望』對我意味著什麼之間做出選擇。」她選擇了後者。「根據斯奈德的『希望理論』〔Hope Theory〕，要有希望，就要設定務實的目標、有多種途徑去實現目標，以及擁有某種施為（agency）感*，亦即相信我可以遵循這些途徑。因此，我重新定義了希望，首先制訂更為務實的目標：『我希望明天能能夠忍受我必須面對的一切。』然後，我明確定義了實現新目標的多種途徑：『如果再有不好的事情發生，我會去依靠朋友和家人。』我的施為感來自於記住我能夠忍受的事情，並且認可我已經提升的韌性。」

然而，重新定義希望只是艾麗西亞復原過程中的一項步驟。「我仍然需要努力去抑制扭轉錯誤的強烈願望。當我看到我兒子飽受痛苦的時候，我尤其要這樣做。我以前會希望抹去過去所有的可怕經歷。然而，這與我最初希望的目標一樣，根本不切實際，所以我需要接受發生在我家人身上的事情，然後提出更好的解釋。例如，我可以將兒子視為傷痕累累且飽受痛苦的燒傷患者，或者我可以將他視為倖存者，表現出了強大的力量

*譯註：又譯成「動原」或「能動作用」，表示能夠了解目標並能夠針對目標採取行動。又指人類進行選擇和藉此來影響世界的能力，通常與「自然力」相對。

和勇氣，而我不知道小男孩竟然能夠這麼堅強。當我把兒子視為倖存者時，他的每一道傷疤都象徵他展現的勇敢。我可以從他的傷疤和我本人情感傷疤中看到美麗的一面。」

這就是實際運作的「發現益處」：艾麗西亞正在改寫自己的經歷，從痛苦中尋找積極面。她就是自己所謂的「從最困難的經歷中稍微看到其中的好處。」艾麗西亞不歡迎創傷，但創傷卻存在於她的生活，促使她建構一種新的希望哲學，讓她能夠向前邁進，不會因恐懼而裹足不前。「我不認為我兒子出事是有原因的。我不相信我流產是有原因的。然而，我為了治癒自己，需要回顧過去，從這些艱難的經歷發掘好處。至少這就是我能夠往前邁進的方法。即使在最黑暗的時刻也有祝福存在。我非得去留意這些祝福在哪裡。」[5]

這種重新評估、尋找喪親意義，以及重新調整對未來的感覺以便將事件納入自身生命的過程，現在被視為化解悲傷的關鍵過程。我寫本書的核心動機就是明瞭這一點：面對艾比的離去，我希望能在這件毫無意義的事故中找出某些意義。

「發現益處」，亦即「珍惜美好的事物」

我告訴自己，親人猝死雖然會造成創傷，但其實也有它的好處，我們不必看著她受苦和放棄拯救她的希望。她至少不必受那種痛苦，反而是我們活著的人感到痛苦。

這種重新框架（「發現益處」）是大腦幫助我們應對困境的自然方式。它會改變我們的觀點，以及選擇我們要關注的重點。它不同於完全否認發生的事情。我們知道事情已經發生了，我們的大腦只是在尋找各種不同看法來解釋她的死亡，以便消除我們的無助感。「發現益處」被認為是非常有效的應對策略。如果你想面對困境，不妨找些讓你高興的事。有韌性的人能夠靈活思考創傷事件，因此最糟的情況發生時，他們能夠重新評估發生的事情，並以不同的角度去看待它——根據「沒有徹底擊倒你的東西只會讓你更強大」（what doesn't kill you makes you stronger）的思路。這並不是說遭受創傷的人會感激不良事件讓他們有機會改變，只是他們善於重新框架它，將經歷融入自己的生命，並且能夠接受事實，最終得以復原。

第十四章

面對未來

本章著眼於未來，探討別人的故事和使用的策略，這些故事和策略幫助我在沒有艾比陪伴的情況下謹慎向前邁進，因為我已經將她牢記於心。下面分享三則故事，我在復原過程中從中汲取想法和靈感，藉此激勵自己前進。

啟動B計畫

二〇一五年五月，臉書營運長雪柔．桑德伯格（Sheryl Sandberg）的丈夫戴夫．戈德堡（Dave Goldberg）去世。她在臉書發了一篇帖文講述喪夫的痛苦，引起了我的共鳴。

> 我心愛的丈夫下葬至今已經三十天了，今天是「謝洛行」（Sheloshim）＊的結束。根據猶太教的傳統，摯親去世之後，人需要悼念七天，這段期間稱為「坐七」（Shiva），而在這之後，便可恢復多數的日常活動。然而，

「謝洛行」結束以後，悼念去世配偶的宗教儀式才算真正結束。

我有一位兒時朋友，現在當了拉比（rabbi）†。他最近告訴我，說他讀過的最強而有力的一行祈禱文是：「當我還在世時，別讓我死去」。我在失去戴夫之前一直不解箇中道理。現在我明白了。

我認為悲劇發生時人也要去抉擇。你可以放棄，任由空虛填滿內心，讓自己失去思考、甚至是呼吸的能力。你也可以尋找意義。我在過去的三十天裡，經常迷失在空虛之中。我也知道未來仍會有許多時刻，我會被這巨大的空虛所吞噬。

然而，當我可以選擇時，我會選擇活著以及找出意義。

這就是我為何會寫這篇文章：我要指出「謝洛行」已經結束，我要把別人給我的關懷還回去。悲傷經驗是極為私密的體悟，那些勇於和我分享

＊譯註：根據傳統的猶太習俗，親人葬禮之後的三十日稱為「謝洛行」。
†譯註：猶太律法對於合格教師的稱呼。

傷痛經驗的人給了我往前邁進的力量。向我敞開心胸的，有我的密友，也有完全不認識的陌生人，這些人毫不藏私，告訴我他們的經驗以及從中學到的智慧。因此，我想在此分享自己的經驗，希望能幫助處於絕望的人。我深信大家都能從悲劇中找到意義。

在過去的三十天，我像過了三十年。雖然我憂傷了三十年，但我也覺得自己增長了三十年的智慧。

我更深刻體認「什麼叫做母親」這件事，一方面是我看到小孩痛哭尖叫，另一方我也知道我的母親能深刻體會我的痛苦。每天晚上，我媽會躺在我身旁那個已經空了的床位，緊緊擁著我，一直到我哭著入眠。而她為了我，一直強忍著淚水。她告訴我，說我感到的痛苦，不只來自於我自己，也來自我的孩子。當我從她的眼中看到悲傷，我覺得我就懂了。

我發現自己以前不知道該對需要幫助的人說什麼。我想之前的我都做錯了；我試圖告訴他們，一切都會變好的，以為帶給他們希望就是安慰他們最好的方法。一位癌症末期的朋友告訴我，說他聽過最糟的一句話就是：「一切都會沒事的」。他腦子裡會有聲音大叫：「你怎麼知道一切都會沒事？你不明白我會死嗎？」我在過去一個月終於了解他的意思。真正的同情有時不是堅持說一切都會變好，而是去承認現實。別人對我說：「你和孩子們會再次找到幸福的。」我一聽，內心有個聲音告訴我，沒錯，我相信你們說的，但我知道自己不會再感覺純粹的快樂了。

相較之下，有人會說：「妳會找到新的生活常態，但不會比以前好。」這句話更能安慰我，因為終於有人願意跟我說句實話。

雖然有人會心懷善意，簡單問一句：「妳好嗎？」但這句話最好換成：「妳今天過得好嗎？」當我聽到「妳好嗎？」的時候，我總忍不住想尖叫：「我老公一個月前死了，你覺得我好嗎？」然而，當我聽到「妳今天過得好嗎？」的時候，我知道對方明白我在現階段只能去熬過每一天。

我已經知道某些事情十分重要了。雖然我們都知道戴夫是當場死亡，但我在救護車上還不知道這點。前往醫院的路途真的讓我感到度日如年。我痛恨每一輛沒有讓路的車子，痛恨那些只在乎自己早到幾分鐘、也不願意讓救護車先行的傢伙。我在其他國家的城市自駕時也經常發現這一點。讓我們讓路給救護車吧！救護車上傷者的父母、伴侶或孩子，可能就是期望著你們讓道來救人。

我現在明白，一切事物都感覺可以倏忽即逝，也或許萬事萬物正是如此。無論你站得多穩，你腳底下的地毯隨時都可能突然被抽走。在過去的三十天裡，我聽到太多女人失去配偶以後，腳底下的地毯都被抽走。一些人沒有了支持網絡，要獨自面對傷痛和財務問題。這些女人和她們的家庭此時最需要幫助，但她們卻被遺棄了，在我看來這是極大的錯誤。

我已經學會去尋求幫助，也明白自己需要別人如何幫助我。在此之前，我一直是大姐、營運長、做實事的人和規劃者。然而，我萬萬沒料到會發生這場悲劇，一時不知所措，我身邊的人就來幫我計劃和安排。他們告訴我要坐在哪裡，提醒我要去吃東西，他們現在還在幫助我和我的小孩。

我發現韌性是可以學習的，亞當・M・格蘭特（Adam M. Grant）告訴我，有三件事對於韌性是至關重要的，他說我要避免這三件事。一是個人化，要明白這不是我的錯，他要我別說「對不起」，要我反覆告訴自己：「這不是我的錯」；第二是永恆化，要記住自己不會永遠如此，事情會好轉的；第三是普遍化，要認為這不會影響我生活的所有層面，將事故分隔劃開是有好處的。

對我來說，重新回到職場救了我，讓我能感覺自己有用以及和人再度接觸。然而，我很快就發現人際關係也發生了變化。當我靠近同事時，許多人都露出恐懼的神色。我知道為什麼，他們想幫助我，但又不知道該如何做。「我該提到戴夫死亡的事嗎？還是不該提呢？如果我想提這件事，該怎麼開口呢？」我和同事之間以往關係親密，這對我來說一直很重要，而我發現要恢復這種關係，就需要讓他們敞開心胸。這就表示我要比曾經想要的更加開放和表現出脆弱。我告訴那些和我最密切合作的人，說他們想問我什麼都行，我會照實回答。我還說他們可以談論他們的感受。大家開誠布公，便不會懼怕做錯事和說錯話。我最喜歡的卡通片裡有一隻大象待在一個房間裡，牠接起電話，說道：「我是大象」。一旦我面對了這頭大象，我們就能把牠踢出房間。

有些時候我卻無法讓他人介入。我曾去孩子的學校參加作品展覽晚會，孩子們會帶著父母在教室裡看他們掛在牆上的作品。很多家長非常友善，試圖與我目光接觸，想說一些安慰的話。然而，我一直低著頭，不想和別人眼神交會，因為我怕我會崩潰。希望他們能明白我的苦衷。

我學會了感恩。感恩自己擁有之前以為理所當然的一切，比如生命。心碎的我每天看著孩子，慶幸他們還活著。我感激每一個微笑和每一次擁抱。我不再把每個日子當成自己應該得到的。每當朋友告訴我，說他不喜歡過生日而不願慶祝時，我看著他，含著淚說：「你這個該死的人，去慶祝生日吧！能過生日是很幸運的。」我下一個生日會鬱悶至極、如同地獄，但我會在心裡好好慶祝，要比以往過生日都還更加大肆慶祝。

我真心感謝那些向我表達同情的人。有一個同事告訴我，他的太太（我們素未謀面）決定重回校園讀書，而她已經推遲了好幾年。是！只要情況允許，我比以往都更相信要「挺身而進」。有許多男人，許多人是我認識的，還有人是我不認識的，因為看到戴夫過世而願意多花點時間和家人共處。

我無法表達自己對家人和朋友的感激。他們做了這麼多事，而且還安慰我，說他們會繼續關心我。在我被空虛折磨的殘酷時刻，在我面對未來無盡空虛的歲月時，只有他們的面容能讓我從恐懼和孤立中跳脫出來。我對他們感激萬分。

我跟某位朋友談到一場戴夫無法參加的父子活動。我們想出了一套替代方案來填補戴夫的空缺。我對他喊道：「但我想要戴夫。」我想選A計畫」。他摟著我說：「A計畫沒了，只能盡力做好B計畫了。」

親愛的戴夫，為了守護我們共同的回憶以及撫養我們的孩子，我會盡力做好B計畫。[1]

盡力做好B計畫已經成為我的口頭禪。就在前幾天，我發現自己躺在床上，默默抽泣，心想，這不行，就是不行，我不想這樣過生活。然而，既然A計畫不可行時，那麼，我也會盡力做好B計畫。雪柔，謝謝妳！

擁有倖存者使命

受創傷後能存活並活躍成長的人通常有查尼和紹斯威克所謂的「倖存者使命」（survivor mission），也就是幫助他人的任務，從他們被迫忍受的苦難創造出美好的事物。我自己進行研究以及採訪那些面對悲傷時表現出非凡韌性的人時，經常會看到促進成長的利他主義力量（或倖存者使命）。例如，二〇一四年十一月，我在辛辛那提「行動中價值研究所」的同事向我介紹了瑪西．沃靈頓（Marcie Warrington）。瑪西在她十七歲的兒子強尼（Johnny）意外身亡後，立志幫助自己和他人「好好過的日子」，讓她得以復原和轉變。

多年以來，我就像許多悲傷的母親一樣，不知道自己是否能熬過兒子離世的日子。然而，將近四年以後，我有一天發覺自己熬過來了，而且很可能會繼續活下去。生命（不僅是生存）的問題，如今擺在我面前。我那時意識到，未來的日子很容易變成一場耐力賽，一場我能贏的比賽，正如過去四年所證明的那樣。然而，過得好需要的遠遠不止於此。我很愛兒子，他也很愛我，我不能只是在熬日子，我得要好好過活。我現在發覺，我們的愛遠超過生存、耐力賽，甚至死亡。要每一天都活在這種永恆的愛中，永永久久，都是我要的答案，也是我未來要追尋的方向。

愛是無限的，沒有特定的接受者。雖然我們永遠無法找人替代我們的孩子（我們也絕對不想這樣），但我們可以記念他們、傳遞他們的生活以及我們彼此分享的愛。我們可以每天醒來，把每一天匯集我們給孩子的愛，然後專注於將這種愛傳播給不論遠近的別人。[2]

瑪西．沃靈頓發現自己的新生活使命就是幫助喪親的母親，於是成立了組織「母愛」（MotherLOVE，網站：www.motherlove.net）。「母愛」旨在扶持失去孩子的母親，重建她們給予和接受愛的能力，提供各種基於實證的計畫，幫助這些母親過有意義和充實的生活：舉辦研討會和週末退休會；提供全美各地擔任志工的機會，並與坦尚尼亞和衣索比亞的伙伴組織合作；此外，「母愛」網站為喪親的母親提供綜合資源、扶持和指導資訊。

她繼續說道：「最重要的，好好過活並不表示我們永遠不會悲傷。我每天都會想念兒子。好好過活就是接受老天給我們的一切，忍受所有的痛苦，擁抱所有的快樂；接受愛情硬幣的兩面。然而，我可以保證，在陌生的國家和感染愛滋病毒和極端貧困的人生活並愛上他們，長久下來一定會獲得好處：你會用正確的角度去看待事情。這就好像你開竅了。」

我的同事喬．卡斯帕也在二〇一一年痛失愛子。他十幾歲的兒子瑞安（Ryan）得了拉弗拉病（Lafora' s disease）*而離世。卡斯帕將這種悲傷反應稱為「共同命運」（codestiny）——人失去親人之後在生活中扮演新的角色。

卡斯帕在瑞安的悼詞中講述兒子的一生對他造成的影響，以及瑞安如何在去世後繼續影響他的行為。「瑞安終其一生，透過他的疾病和死亡，讓我體會了許多生命的意義。我從中獲得豐富的經驗，砥礪了品格、勇於面對逆境、克服恐懼，以及實現人生目標。簡而言之，他造就了現在的我，也將形塑我的未來。我的學生成了我的老師。瑞安，你已經完成了你的使命。」[3]

卡斯帕後來指出，當他回顧自己所寫的東西時，認為這些話表明他打算將自己從瑞安的生命所學到的東西融入他的世界觀，「從而為我自己建構一種新的命運，其中融入了我兒子的多數性格，而在這樣做的過程中，我與兒子形成了某種共同命運。」他們的關係並沒有隨著瑞安的離世而結束。

卡斯帕解釋：「在瑞安死後的幾週裡，我繼續撰寫探討完成一個人命運的重要性的文章，並偶然發現了『共同命運』的概念。就在那個時候，我知道自己必須做什麼。我

＊譯註：進行性肌陣痙癲癇。

發現我的命運是要活得讓我死去的兒子感到自豪。我知道要做到這一點，就是要幫助喪失兒女而遭受痛苦的人，不僅要讓他們倖存，還要幫助他們成長。我可以藉由兒子的名義做『好事』，讓我兒子的生活增添『善意』，這種想法至今仍然激勵著我。」

我第一次聽到卡斯帕「共同命運」的想法以後，花了一段時間才完全理解其中的涵義。我現在知道，本書就是在表達我和艾比的「共同命運」，就像「母愛」之於瑪西・沃靈頓、反酒駕母親之於坎迪斯・萊特納（Candace Lightner）和辛迪・藍博（Cindi Lamb），以及現代寡婦俱樂部之於卡羅琳・摩爾（Carolyn Moor）。我們採取這些行動來記念我們離世的親人，以在許多方面與他們搭配合作，讓他們的生命繼續遺留在我們身上。

你的贈物是什麼？

瑞琪兒・雷門博士（Rachel Remen）是舊金山加利福尼亞大學醫學院（UCSF

School of Medicine）的家庭和社區醫學臨床教授，也是俄亥俄州的健康與疾病研究所（Study of Health and Illnes）的創辦人和主任。她身兼醫學教育家、治療師和教師，激勵過成千上萬的醫生發自內心去行醫，也鼓勵成千上萬的患者牢記自身的治癒力量。對「贈物」（Giveaway）信仰可以追溯到北美高原印地安民族。我們個人的神聖贈品是我們獨自為生活做出貢獻的東西，也就是我們存在的理由。了解並尊重你的「贈物」會賦予生活意義和歸屬感，以及一種方向感。萬物天生都知道它的「贈物」：樹木、鳥類、繁星和花朵都知道它們的「贈物」。萬物都不是隨意存在的，一切都有歸屬。只有人類出生時不知道自己的「贈物」，不記得自己為何來這一遭，也不明瞭該如何歸屬。

從最早的嬰兒期開始，每個孩子的「贈物」都可以被其他人看到和辨別。幫助每個孩子找出其獨特的「贈物」及其獨特的歸屬地，這是長老和部落最重要的功能之一。他們會安靜且耐心觀察嬰兒，仔細尋找跡象。嬰兒會被什麼東西吸引？什麼能引起他的興趣，什麼又能使他平靜下來？什麼會使他歡笑？什麼又會讓他悲傷或痛苦？他有哪些天賦和哪些天生的特質？他們讓嬰兒做夢，透過這些夢對觀察嬰兒的天性和「贈物」。回到本心會對自己幫助很大。

沒有人對孩子說「幹得好」，沒有人會去影響嬰兒，只會藉由他們的認同和讚揚或他們的反對和批評來認可事物。每個人都在幫助孩子傾聽。大夥一起幫每個孩子找出「贈物」，每個孩子、每個男人和每個女人的「贈物」都不會一樣。所有的「贈物」都很重要。

我們西方人當然是完全不同的。我最近去拜訪了一位年輕朋友，見到了她三個月大的兒子。當我到達時，我發現那位嬰兒坐在廚房桌子上的布套頭椅上，正用筆電觀看〈小小愛因斯坦〉（BABY EINSTEIN）。他的周圍擺著許多顏色鮮豔且在吵鬧的玩具。我們一邊聊天一邊喝茶，這位年輕的母親拿給她的兒子一個又一個玩具，每隔幾分鐘就拿走一個，然後又給他另一個。我一臉狐疑，她看到我的表情笑了起來，說道：「這是最新的理論，嬰兒正在形成的大腦具有很強的可塑性，需要不斷地給它刺激。」當我們吃完茶點時，我得知這個嬰兒已經註冊了一所著名的私立高中，二〇二九年年級。他的兩位祖父都畢業於普林斯頓大學，早已幫這位嬰兒寫了推薦他進入這所名校的信。這位年輕的母親告訴我，其他八月份的普林斯頓畢業生也被她們要求寫推薦信。機會看起來確實不錯。我看著這個小男孩，想知道他為什麼來這個世界。雖然他從一出生就被人指定他是誰，以及他將來要當怎樣的人，我倒是希望他有一天能夠發現他的「贈物」。

我們越能運用自己獨特的「贈物」，就能越強大和越有韌性，足以面對外界壓力，而且我們會活得越有熱情和越快樂，我們對日常生活的滿足就越深，我們就能為世界帶來更大的改變。

這些想法現在對我有一定的吸引力。如果你可以在任何年齡找到並關注自己的「贈物」，這時該怎麼辦？如果你能找到你的部落，找到那些看著你、傾聽你、幫助你重生的人呢？如果你已經認識很多這樣的人，但還沒有意識到為什麼會被他們吸引，這時該怎麼辦？如果你也能以這種方式去幫助別人，這時怎麼辦呢？如果你不需要像生病或痛失親人這種災難事件來記起你是誰，以及你為什麼來到這裡呢？[4]

這三則故事都引起了我的共鳴，因為它們讓我們重獲新生，鼓勵我們接受喪親之痛帶給我們的寶貴經驗，並且知道它們如何塑造和改變我們未來的方向。死亡最糟糕的地方在於，一切都終結了，永遠不可能改變。然而，雖然我的生活因此而停頓，我也被迫去反思和反省，但這也讓我得以重新考慮生命，有時甚至能獲得改變的動力。

第十五章

繼續與逝去的親人保持聯繫

悲傷是愛的副產品。我們愛過，所以我們所愛的人不能再陪伴我們時，我們一定會悲傷。然而，他們雖然離開了，我們卻不必停止愛他們，或者不再思念他們。只要能接受這項事實，知道你對那個人的愛永遠不會消失，就能深入體會悲傷的涵義。

艾比去世後的第一年，我非常想念她。我們過了那一年，甚至還要再過一些時日，才習慣她已經不再人世；習慣她不再於平日時陪伴我們；習慣她不會跟我們親吻道晚安，或早上一起吃早餐；我們不再需要開車送她去參加課外活動、幫她梳頭、跟她分享奇幻書籍和一起出門逛街、跟她討論男朋友、大家一起跳進海浪戲水、玩紙牌遊戲或看浪漫喜劇。我們已經無法帶她去游泳池玩水以及到籃網球場上玩球。我們失去了艾比，尤其再也聽不到她和她朋友不斷發出的喧鬧聲，這對我們影響很大。

然而，隨著時間的推移，我已經習慣了這一點，也逐漸接受了它。說起來讓我很難過，但我不再期望她走進前門、聽到她走出我們辦公室的腳步聲、看到她早上坐在餐桌前的臉、懸掛她洗的衣服，以及幫她買洗髮精、圖形卡片、她最喜歡的午餐便當。我現在已經接受了這一點，我的大腦已經接受了這項殘酷的現實。

話雖如此，我也知道艾比並沒有完全從我的生活中消失。她成了我的一部分，成了我過去生活的一部分，成了我現在生活的一部分，成了我現在住所的一部分。我們非常喜愛、牢記並經常談論她。不知何故，艾比．霍恩仍然是我們生活的一部分，她只是人不在這裡而已。她發生過，她存在過，她非常非常真實。我可以透過各種小方法讓她存在，像是刻意幻想她會為我挑選哪條裙子讓我穿著去參加特殊聚會；戴著一枚小戒指，讓我每天想起她；參觀她生前喜歡去的地方；和她的朋友聊聊她以前的事情；大聲唱出她最喜歡的歌曲，偶爾也會依偎在床上閱讀她最喜歡的書籍。

喬治．博南諾的《悲傷的另一面》（*The Other Side of Sadness*）大量描寫他對許多悲傷復原力者的觀察，以及這些人養成的共同習慣。其中一章介紹了喪親者如何與死者保持聯繫，例如和親人的朋友保持聯繫；珍藏珍貴物品作為紀念；參觀死者喜歡去的地方；找時間享受平和與寧靜的時光，因為這是死者教導他們應該珍視的東西；甚至與死者交談。

博南諾如此解釋：「不管這種關係如何，有韌性的人通常更能在喪親期間記住與死者的關係而獲得安慰。他們也更有可能談論或思念死者時找到慰藉，而根據這些人的說法，他們這樣會感到快樂或平靜」[1]

歷來的心理學者認為，要化解哀傷，一定得切斷與死者的聯繫，所幸這種觀點已被徹底顛覆。現在的人普遍認為，找到某種方法來延續與死者的聯繫是順利適應喪親後生活的一部分。湯瑪斯．阿提格是另一位對此深思熟慮的人。他如此寫道：「我們可以繼續『擁有』我們『失去』的東西，亦即對死者的愛雖然有所改變，但仍然繼續存在。我們並沒有真正失去與死者過往生活的歲月或我們的記憶。我們也沒有失去他們生前體現的影響、靈感、價值觀和意義。我們可以積極將這些融入新的生活模式，納入自己與曾經關心、心愛的人的關係之間，雖有轉變但持久。」[2] 他幫助我了解到，痛失孩子而悲傷的父母經常去尋找能夠發展與死者持續聯繫的方式。同樣地，根據研究，哀悼亡父或亡母的孩子也會想要維持與死者的聯繫：一項研究指出，三分之二的孩子在父母去世兩年以後，仍然可以透過與他們交談、想念他們、夢見他們或感到被亡父亡母注視而感到與他們仍有聯繫。[3]

在沃登〈哀悼的四項任務〉（請參閱第四章）中，最後一項任務是在開始新生活的過程中與死者建立持久的聯繫。沃登寫道：「要使哀悼者與死者保持聯繫，但不會妨礙他們繼續生活，就需要找到記念死者的方式，亦即懷念死去的親人，讓他們留在身邊，但仍然要繼續過生活。」[4]說穿了，目的就是讓死者與你同在，但你還是要能繼續生活。

在開始新生活的過程中與死者建立持久的聯繫。

我看到沃登所寫的，感到心有戚戚焉，這是我們即將開始的新生活。這不是我喜歡的，當然也不是我願意選擇的。然而，我要嘛擁抱我這唯一的生活，要嘛就不擁抱。因此，為了我的兩個兒子，我正努力投入我的新生活，而我寫本書就是想與艾比建立持久的聯繫。我和她一起出書的夢想無法實現，但如果沒有她，我不可能（也不會）寫出這本書。

我們幾乎隨處都可以見到艾比生前的影子。她的某些東西仍然散落在房子周圍：她的UGG靴跟我們前門旁邊的其他鞋子擺在一起；她的髮夾和我的髮夾混合放在我們以前共用的小包裡；她的臥室仍然掛著她的照片，不過她的朋友和家人隨時會睡在她的臥室。當然，我們已經把她的衣服收起來了。我們會談論她，分享有趣的回憶，嘲笑她會情緒失控，以及說她生前很挑食，很讓人惱火。我偶爾會看一些很爛的電視節目，只是因為艾比以前喜歡看它們。她的太陽眼鏡掛在特雷弗卡車上的隨身物品中。雖然我們已經把她的潛水服送人，但我偶爾會在車庫的一堆雜物中看到她的靴子。我們刻意保留了她的某些東西，以免我們忘記她；其他的東西則是因為某種原因而沒丟棄，也許是因為要找個地方擺她的 UGG 靴太痛苦而且沒有必要，而我仍然喜歡在早上時翻動她的髮夾，或者因為我們很忙，需要花很多的精力才能找到兩隻 UGG 靴並找個地方擺放它們。然而，這些沒丟棄的東西讓我感到慰藉。

我已經把艾比的很多東西送給人了，但我也一直小心翼翼，不想匆匆忙忙便丟掉她的寶貴財產。畢竟這些屬於有限資源，丟了就不會再有了。我把她的校服放在一個條編箱裡，姊姊埃絲特（Esther）把這些校服折疊得很漂亮。我喜歡用她裹頭的芭比毛巾擦乾我的濕髮。我本可以賣掉她的校服，或者把它送給朋友，但我現在保留了這些衣服，因為它們太小，別人用不久，還有我以後可能想把她最喜歡的衣服改成被套，但也很可能不會，但到目前為止，我似乎沒有善用我的精力去處理這些事情。它們目前只是或多或少讓我感到舒適以及持續和艾比保持（精神上的）聯繫。否認艾比曾是我們重要的家庭成員，並且讓我們的家完全看不到她的東西，這樣似乎不合邏輯。這裡仍然是我們的家，是我們三個孩子的家，我這樣想就能感到些許安慰。

我的朋友丹妮絲（Denise）最近告訴我，她出於類似的目的，有時會佩戴親人的珠寶。她說道：「我突然發現讓重要的人繼續陪伴自己的方法。我不喜歡別人說，親人已經離開，聽不到或看不見正在發生的事情。我心裡有一座萬神殿，祂們不是希臘諸神，而是我一直懷念的已故之人。他們就在那裡，正低頭端詳發生了什麼事情。」他們正在注視著我，扶持我和提供我建議。我經常想起他們，所以他們一定是在附近。」[5] 丹妮絲偏向於認為，這「不是悲傷，而是回憶」，並且將佩戴親人的珠寶描述為穿上盔甲去戰鬥。「當我穿戴這些珠寶時，我感到自己很有價值，也很可愛，就像參加一項古老儀式。我感覺自己和幾千年前的異教祖先沒有什麼不同，我一想到這點就會發笑，這樣一來，我就能適當看待生活。無論今天發生什麼，我都知道自己是被愛且有價值的。我有這種存在價值，也知道自己在這個世界上所處的位置。沒有任何東西可以穿透我穿的這層盔甲。」

博南諾認為，調適得最好的喪親者能夠和逝去的親人持續聯繫而找到慰藉。「他們知道親人已經去世，但當他們想起和談論死者時，發現自己並沒有失去一切。這種關係沒有完全消失。他們仍然可以回憶與死者的美好經歷，從中找到快樂。這就好像某些關係仍然存在。」[6]

有很多方法可以和逝去的親人持續聯繫，其中一種非常出人意料之外。我們很幸運，因為艾比的教母（godmother）＊雅歷克斯．富爾頓（Alex Fulton）為我們挑選她的棺材，並且給棺材裝飾。我做不了這件事。雅歷克斯是一名設計師、零售商和色彩顧問，用數百個乙烯基圓點（vinyl dot）去覆蓋棺材，而圓點的顏色是艾比生前最喜歡的，而我們後來也一直在使用這些顏色。它們被稱為「艾比的圓點」。現在，我的家人和朋友的手機殼、汽車、筆電、床頭、吉他、手提箱、錢包、窗戶、自行車、滑雪板、頭盔等等，上頭都有這些色彩鮮豔的圓點。它們經常以三個點的形式呈現以記念艾比、艾拉和莎莉。

調適得最好的喪親者能夠和逝去的親人持續聯繫而找到慰藉。

對於我們所愛的人來說，這些圓點是讓人意想不到但非常強大的東西。我在城裡開車時，會在一輛陌生汽車的後頭看到它們。這是別人表達「我們知道你很痛苦」的方式，也向我們表示我們的女兒沒有被人遺忘。這些色彩繽紛的小圓點提醒我們要好好活著，它們將我們與逝去的艾比、艾拉和莎莉聯繫起來。因此，圓點成為我的網站和部落格的象徵。莎莉去世前十八個月和我分享過美國詩人瑪麗·奧利弗（Mary Oliver）的詩〈夏日〉（The Summer Day），其中有一句話提到「狂野而珍貴的生命」，我便以

＊譯註：在洗禮儀式中替受洗者作保的人，男性為教父，女性則為教母。嬰兒或兒童受洗後，教父母會教導受洗者宗教方面的知識。如果教子女的雙親過世，教父母有責任照顧教子女。

這句話將我的部落格命名為〈狂野而珍貴的生命〉。這首詩非常適合莎莉，因為她以前每天都會留意美麗的事物。她深知生命狂野而珍貴，所以要把握時機，好好過日子。莎莉既狂野又珍貴，可惜過世得太早了。

雅歷克斯的網站和商店已經售出將近十萬個「艾比的圓點」。我們在IG上看到這些圓點在巴黎、倫敦、克羅埃西亞、紐約、新加坡、斐濟、薩摩亞、美國和紐西蘭全境如雨後春筍般湧現。

「雅歷克斯．富爾頓設計」（Alex Fulton Design）會從每筆銷售額中捐贈十二塊美元，迄今為止已經向「星船」（Starship）的「喜願基金會」（Make A Wish Foundation）捐贈了一萬一千五百美元，能從如此糟糕的事故中汲取有價值的東西，感覺真的很棒。我們因喪女而悲傷，但大家通力合作，透過色彩將愛分享出去，讓世界各地的人們彼此聯繫。我從「艾比的圓點」和我們記念她的各種方式中明白，儘管艾比人已不在我們的身邊，我們依舊會永遠懷念她。她（她的生命，她的死亡，一切的一切）深切影響了我們，讓我們知道該如何為人、如何去過生活、如何對待他人，以及應該將時間和精力投入哪些計畫。

練習：他們喜歡的十件事

我的朋友格雷琴（Gretchen）跟我說過幾年前她和丈夫邁克（Mike）如何突然失去他們所愛的人。「在他的葬禮上，他的妹夫列舉了托賓（Tobin）喜歡的十件事（橄欖球、舉起一杯冰啤酒乾杯、當飛機的醫務人員、和女兒們一起踢足球等），然後請每個人在每次念出這十件事中的其中一件時，要想起托賓並大聲說出他的名字。從喪禮到現在已經快七年了，我們仍然這樣做。起初只是一種悲傷的儀式，後來成了表現愛的方式，讓我們經常想起托賓。這種持久的認可讓死者家屬感到安心，因為別人仍然還在懷念死者。」

哪十個是你所愛的人所喜愛並永遠會讓你想起他們的事物？

哪些衣服？

哪些地方？

哪些具體活動？

哪些運動？

哪些電影？

哪些歌曲？

一年中的哪些時間和慶祝活動／假期？

他們最喜歡哪些食物？

他們一定會帶什麼東西去度假？

哪些書籍？

將她包裹在你的心裡

艾比去世後不久，我收到了一封電子郵件，寫信的人是我結婚時的伴娘蔓蒂（Mandy）。我讀了她的信以後，想到我該如何處理我對艾比的愛，該把這種愛放在哪裡，以及如何繼續我和她之間持續但徹底改變的關係。

露西，我知道妳很堅強。妳經歷這些痛苦之後會找到一種生活方式，把妳親愛的、美麗的和特別的艾比安全包裹在妳的心裡。無論妳走到哪裡，妳都可以帶著她，這便如妳所說，「隨時隨地」愛著她。我還讀過妳的部落格，讀到妳說出的肺腑之言，討論當母親是什麼樣的感覺，而這些話語讓人驚嘆。死亡除去了生命中所有不重要的東西，向我們揭示在這個不可預測的痛苦但美麗的世界中真正重要的東西，包括親情、友情和愛情。這些才是真正重要的。

最近，伊莉莎白・庫伯勒—羅絲和大衛・凱斯勒講述了一則故事，說有一位牧師在追悼會上告訴會眾：「你所愛之人離去了，但你並沒有完全失去他們。他們就在你的心裡。你可以一生隨身帶著他們。」[7] 我聽完以後非常感動。

艾比，我一生都會帶著妳。艾拉和莎莉，所有認識並愛妳們的人也會這樣。我們會將妳們包裹在心裡，永遠不會忘記妳們對生活的熱愛與熱情，我們會不斷提起妳們的名字，分享妳們的故事，永遠不會忘記妳們。

艾比，我會繼續當妳的媽媽，天長地久，永遠不變。

第十六章

創傷後的成長

第七章討論過「士兵和家庭全面適應」計畫，該計畫旨在教導美國士兵個人的復原力技能。馬丁．塞利格曼教授在《哈佛商業評論》（*Harvard Business Review*）發文解釋這項培訓計畫的起源：「二〇〇八年十一月，大名鼎鼎的陸軍參謀長與駐伊拉克多國部隊前指揮官小喬治．威廉．凱西（George W. Casey, Jr.）將軍問我正向心理學如何能夠解決士兵的問題。我當時給了一個簡單的回答：人類對極端逆境的反應呈『常態分布』*。處於某一端的人會崩潰，罹患創傷後壓力症候群（PTSD）或憂鬱症，甚至會自殺。多數人則是處於中間狀態，最初會出現憂鬱和焦慮的症狀，但不到一個月左右（透過身心測量），就會恢復到了創傷前的狀態。這就是所謂的復原力／韌性。另一端則是創傷後能夠成長的人。他們也會先經歷憂鬱和焦慮，通常表現出全面性的創傷後壓力症候群，但一年之內，他們的情況卻會比創傷以前更好。這些人就像是哲學家弗里德里希．尼采（Friedrich Nietzsche）所說的：『無法徹底擊倒你的，都會使你更強大。』」[1]

塞利格曼和同事在西點軍校的培訓期間，發現九〇%的學員很熟悉創傷後壓力症候群，但只有不到一〇%的人聽過創傷後的成長（post-traumatic growth，簡稱 PTG）。

塞利格曼警告，醫學文盲（medical illiteracy）影響甚大。他認為：「如果士兵只知道創傷後壓力症候群而不了解復原力和成長，就會導致自我實現的惡性循環。你的朋友昨天在阿富汗被殺了，今天你淚流滿面，心想：『我快崩潰了，我得了創傷後壓力症候群，我的一生被毀了。』這些想法會增加焦慮和憂鬱的症狀（其實，創傷後壓力症候群融合了焦慮和憂鬱，特別讓人感到棘手），這反過來又會加劇症狀的強度。只要知道流淚並不是創傷後壓力症候群的症狀，而是悲傷和哀悼的症狀，所以哭是很正常的，而人在哭完後通常會展現韌性，這樣想就能夠防止惡性循環。」[2]

我不太喜歡塞利格曼的講法，也就是創傷後能夠成長的人會在一年內展現出「更好的狀況」。我知道他指的是可衡量的科學成果方面的增長，但「更好」這個詞太容易被人誤解：好像我們要把沒成長的人視為失敗者。然而，他認為醫學素養（medical literacy）很重要，我確實同意這種看法：如果我們從不知道創傷後的成長和復原力，

---

*譯註：normal distribution，又稱為常態分配或常態分佈，具有以下特性：以平均數為中線，構成左右對稱之單峰，呈現鐘型的曲線分布。

很容易就會將自己的症狀歸為創傷後壓力症候群，但這些其實是人對悲傷的**暫時**反應，完全是正常的。

喬・卡斯帕是一位美國醫生，也是我的同事。他的十幾歲的兒子瑞安得了一種罕見的遺傳性疾病而去世。卡斯帕指出，他之所以能夠復原，很大程度上要歸功於他發現自己受創後有可能成長，同時意識到正向情緒和負面情緒是分開的，各屬於不同的情緒。他說道：「如果我們想要讓自己更幸福，就必須盡量減少痛苦；然而，除此之外，我們還必須嘗試去多感受正向情緒、找到人生的意義、獲得成就以及建立良好的人際關係。我知道正向心理學和喪親研究最近有新的進展，而且我還透過自身的經驗，所以現在知道還有更多的可能性。人經歷了創傷，就可以成長，成為更好、更完整、更有同理心以及更能無私為他人著想的人。這並不是說我們應該引導或希望某人發生悲劇，以便他們更能成長或感到更為幸福。」[3]

創傷後成長研究團隊裡頭的理查・泰德斯基（Richard Tedeschi）和勞倫斯・卡爾霍恩（Lawrence Calhoun）將其定義為正向的心理變化，而這是人面對艱困的生活環境後直接產生的結果。[4] 泰德斯基是北卡羅來納大學（University of North Carolina）

心理學教授，也是專門研究喪親和創傷的執業心理醫師。在過去的二十年裡，他領導了喪親支持小組，並且發表了許多探討創傷後成長的文章。他指出，人喪親以後會面臨極為艱困的生活環境，這樣確實能夠為創傷後成長提供了一個平台。這絕對不是說我們要歡慶自己遭遇創傷和喪親之痛，承認生命中最艱困的時刻有時會引發轉捩點，這樣想是有幫助的：「如果認為創傷是好的，那就是誤解，**我們絕對不是這麼想的**。我們想說的是，儘管有這些痛苦的經歷，但不少人經常指出他們經歷了正向的轉變，也就是所謂創傷後的成長。」如何思考這個問題很重要，而且會影響臨床作法，也就是人遇到創傷事件以後會試圖去應對和振作，從而導致創傷後的成長，**創傷本身絕對不會**產生這種結果。此外，根據實徵證據（empirical evidence），創傷後的成長很常見，但肯定不是任何人都有。我們作為臨床醫生，絕不能認為每位創傷倖存者都能經歷成長，或者這是創傷完全復原的必要結果。」[5]

促進創傷後成長的因素

- 雖然對自己、他人和未來的信念破碎了，但要知道這是人對創傷的「正常」反應。
- 能夠運用技巧來控制侵入性意念（intrusive thought）＊和圖像來減少焦慮。
- 和他人分享我們的創傷故事，不是把它藏在心裡（這會導致身心症狀惡化）。
- 根據創傷來營造自己的一套故事，其中可能包括找出運用過的個人優勢、注意到某些關係如何改善，或者更能欣賞生活和對生命更加感恩，並且變得更有靈性等等。
- 準備好接受成長並發展新的生活態度，例如讓自己更加無私而樂於助人，或者更有同情或憐憫之心。

麗莎・巴克斯鮑姆（Lisa Bucksbaum）經營Soaringwords.com，這是一家幫助

患病兒童及其家人復原的非營利組織。她於二〇一四年採訪了理查·泰德斯基，在本書分享了她這次的訪談內容。各位若想更加了解麗莎的工作，可以前往：www.soaringwords.org。

麗莎：當壞事發生時，人們覺得自己會崩潰。泰德斯基博士，你能解釋一下什麼是「創傷後的成長」嗎？

泰德斯基：除了各種創傷事件發生後帶來的痛苦之外，人們經常會發現自己學到了一些有價值的東西，他們改變後也會珍惜這種改變。此外，他們可能經歷了某些轉變，而對某些人來說，這是一種徹底的轉變。因此，這種因應和試圖面對困難的努力，以及在這些事件發生後所經歷的結果，我們統稱為「創傷後的成長」。

＊譯註：一種強迫性思考，腦海中經常毫無預兆地不斷出現古怪或暴力的念頭。

麗莎：像您這樣的科學家在過去三十年裡一直研究創傷後的成長，但這個概念聽說源自於古老的傳統。

泰德斯基：是的，我們給它起了一個學名，叫做PTG。然而，數個世紀以來，神學家和哲學家一直在探索這個概念，所以你會在偉大的宗教傳統中發現不少探討人應該如何面對苦難的文獻。任誰都難免遇到苦難，而這些文獻對此有話要說。我們發現有很多探討苦難和轉變的優良文獻。然後，當我們檢視哲學時，哲學家會說人難免會經歷某種痛苦和創傷，以及應該如何從痛苦中找到人生意義，如此便可賦予痛苦意義，不是只能受苦而毫無收穫。例如，維克多·弗蘭克是猶太人大屠殺的倖存者，他是這項領域的現代鼻祖，因為他講述自己被關押在集中營時如何讓那段艱困的日子變得有意義。由此發展而來的就是PTG。

麗莎：人擁有的最後一項自由，就是能夠自由選擇面對環境的態度。我們無法控制環境，但我們可以控制自己對環境的反應。

泰德斯基：妳說的完全正確。我們現在就是嘗試從科學角度去探索它，也就是說我們試圖找出有哪些數據支持創傷後成長的概念。我們發現，大約有一半到三分之二的人曾表示自己經歷過創傷後的成長。這雖然不是普遍的現象，但也並非很罕見：在各種創傷事件發生以後，有更多的人指出自己經歷創傷後的成長，而不是創傷後壓力。我們不是在說創傷本身會造成的改變，而是說人們在創傷後做了什麼、他們如何面對創傷，以及誰可以從旁幫助他們做出改變，讓他們從中找到有價值的東西。

麗莎：別人可以如何協助呢？

泰德斯基：其他人在這個過程中非常重要，因為他們可以幫助你面對正在發生的事情，並在某種意義上接受它，方法是去檢視事件如何影響你，以及你現在如何以不同的角度去思考事情。別人也可以鼓勵你去經歷這個過程。我們希望看到「專家陪伴」，也就是我們希望看到別人學習如何以真正專業的方式去扶持創傷倖存者：此處所謂的專家，並非真正的專業人員，而是真正的好伴侶，他們願意傾聽你遇到的困難，不會說些陳詞濫調來安慰你，而是能夠向正在經歷困難的人學習，而不是想為別人的問題找出答案。所以這是一種傾聽、支持、陪伴他人的態度。受到創傷的人有機會詳述自己的經歷並解釋自己的看法，這樣他們就可以開始了解自己的應對方式。

在某些情況下，這無需用言語來表達，有時只是要知道有人陪伴你，而且你可以信賴他們。專家伴侶是和你保持聯繫的人，他們不一定是醫療從業人員，只是準備長期陪伴你的人。

在這次採訪中，泰德斯基還指出了人們回報自己面對創傷後所發生的五種變化。

1. **感覺自己比想像的更為堅強：**創傷事件非常難熬，但他們發現自己以前沒有意識到可以運用的個人資源。
2. **感激自己的生命：**他們會珍惜自己在地球上擁有的時間，同時珍惜周遭的事物，而他們可能以前認為這一切是理所當然的。

3. 以一種更新且更好的方式和他人來往：他們表示自己變得更有同情心、同理心和理解力，也許讓自己和他人更加心靈契合。他們談論創傷事件時，幾乎會變得更加脆弱，但這樣卻能讓他們和別人更為親密。

4. 新的可能性：創傷性事件可能會打破什麼是重要的舊觀念，並且會帶來新的優先選項。新的可能性可能會開始出現。

5. 心靈上的改變：這包含一系列的經歷，從宗教信仰到存在觀念的改變，以及對檢視新生活的方式。人們還可以從大自然或音樂的變革力量中汲取力量。

人可以透過各種創傷（包括悲傷）來成長，我認為知道這一點很重要。然而，我想再次強調，成長不同於進步和改善。艾比的死讓我成長了，但我認為這與其說是自我提升，不如說是生活方向的改變。我因為她的離世而改變了自己的觀點、也輕微調整了職業生涯的優先事項，並且更加全面體會生活充滿了變數，不時會發生意想不到的事情。我並沒有因此變成更好的人，只是成了另一個不同的人。

此處介紹創傷後成長的研究見解，但我不想給悲傷的人施加額外的壓力，讓他們誤以為喪親之後自己一定能改善生活，我只是想讓他們知道，成長是有可能的。

第十七章

按暫停鍵

我想在討論「重新評估和更新」這個部分時暫停一下，去強調悲傷有多麼讓人疲憊，以及重申不是每個人都能好好面對喪親之痛。我知道這是生命的一部分，我一次又一次地告訴自己，誰都會死亡，但這樣想有時還是沒用。

艾比去世十八個月以後，我某天躺在床上哭泣，一遍又一遍對自己說，這樣不行，這樣不行。艾比、艾拉和莎莉都死了，這樣對她們很不公平，而且我們必須習慣沒有她們陪伴的日子。這對她們、我們或任何愛她們的人來說，都是不公平的。

我不是只能表現出韌性的人，我希望我不是積極正面卻忍受痛苦的傻瓜。我當然會讓自己屈服於悲傷、無助和持續的（但現在是間歇的）痛苦。我經常在下午小憩或散步，不想和別人接觸。我也能感到自己的渺小、可憐和脆弱。我經常深切地思念艾比，想起她的兩位哥哥、表兄弟姐妹、朋友曾經和她一起度過美好的時光，但我一想到他們不能再享受這種日子，內心就會湧起恨意。

即使我們開始重新融入這個世界並找到重新學習生活的方法，我們有時也會倒退。來回擺盪是一種常態——我們會前後搖擺。不要為了趕最後期限以及認為自己應該怎樣感受或採取何種行動而去責備自己。沒有單一的方法，你的方法不一定是我的方法。你要按照自己的節奏去悲傷，需要休息時就去休息。

復原力悲傷模型

我長期思考自己的復原力悲傷模型：到底它是線性進展，或者我正在經歷一個循環？我最後發現，對我來說，悲傷更像是玩一種拼圖遊戲，而不像其他模型，非得經歷某些階段或完成某些任務。學會跟悲傷共處，就是學會生活在支離破碎的世界裡，熟悉的組成部分已被打亂，只能拿不同的碎片去重建生活。

將我依賴和本書提到的策略想像成一塊拼圖，便能夠激勵我，讓混亂的局面恢復某種秩序。各種拼圖（如後面所示）就像路標和鑰匙，使我能夠在再發（relapse）＊和復原、重新評估和更新、接受和掙扎的持續過程中向前邁進，同時承認這就是生命的本質。

也許正是這種體認，有時會讓我看到別人因喪親而掙扎時流下淚水——我會感到一股讓人喘不過氣的悲傷感，因為我知道生活很艱難，必須要堅韌、應對、收拾殘局和重新開始，這真是又苦又累。這是我們的人生旅程，每個人都必須找到適合自己的拼圖。我們必須這麼做，別無選擇。當人與人聚在一起，然後又分離時，我們必須繼續前進，受到（並且品味）生活中美好事物的激勵，一遍又一遍，每天、每月、每年都盡力過生活，而只有喪親者才能做到這一點。

＊譯註：指的是重新陷入或恢復到原先不想要的有害行為、狀態中。

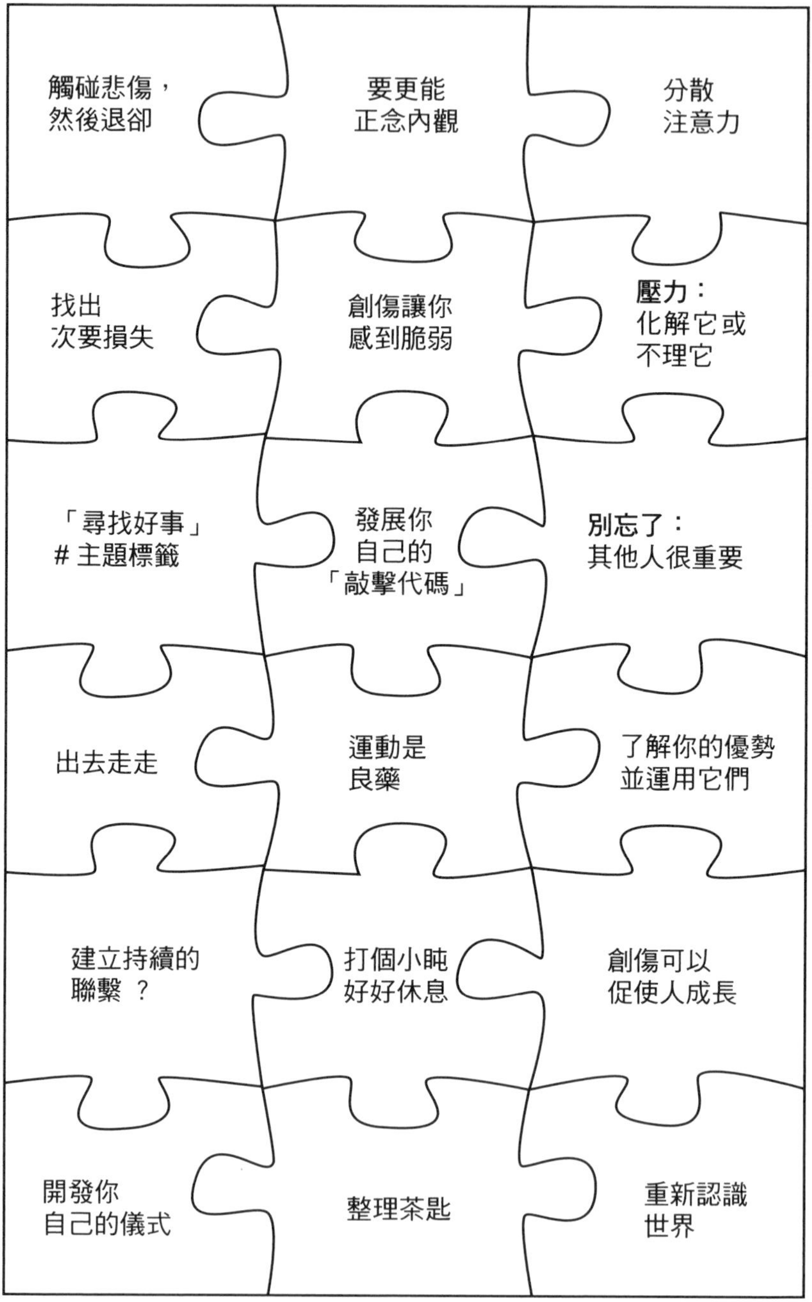
觸碰悲傷，
然後退卻
要更能
正念內觀
分散
注意力
找出
次要損失
創傷讓你
感到脆弱
壓力：
化解它或
不理它
「尋找好事」
主題標籤
發展你
自己的
「敲擊代碼」
別忘了：
其他人很重要
出去走走
運動是
良藥
了解你的優勢
並運用它們
建立持續的
聯繫 ？
打個小盹
好好休息
創傷可以
促使人成長
開發你
自己的儀式
整理茶匙
重新認識
世界

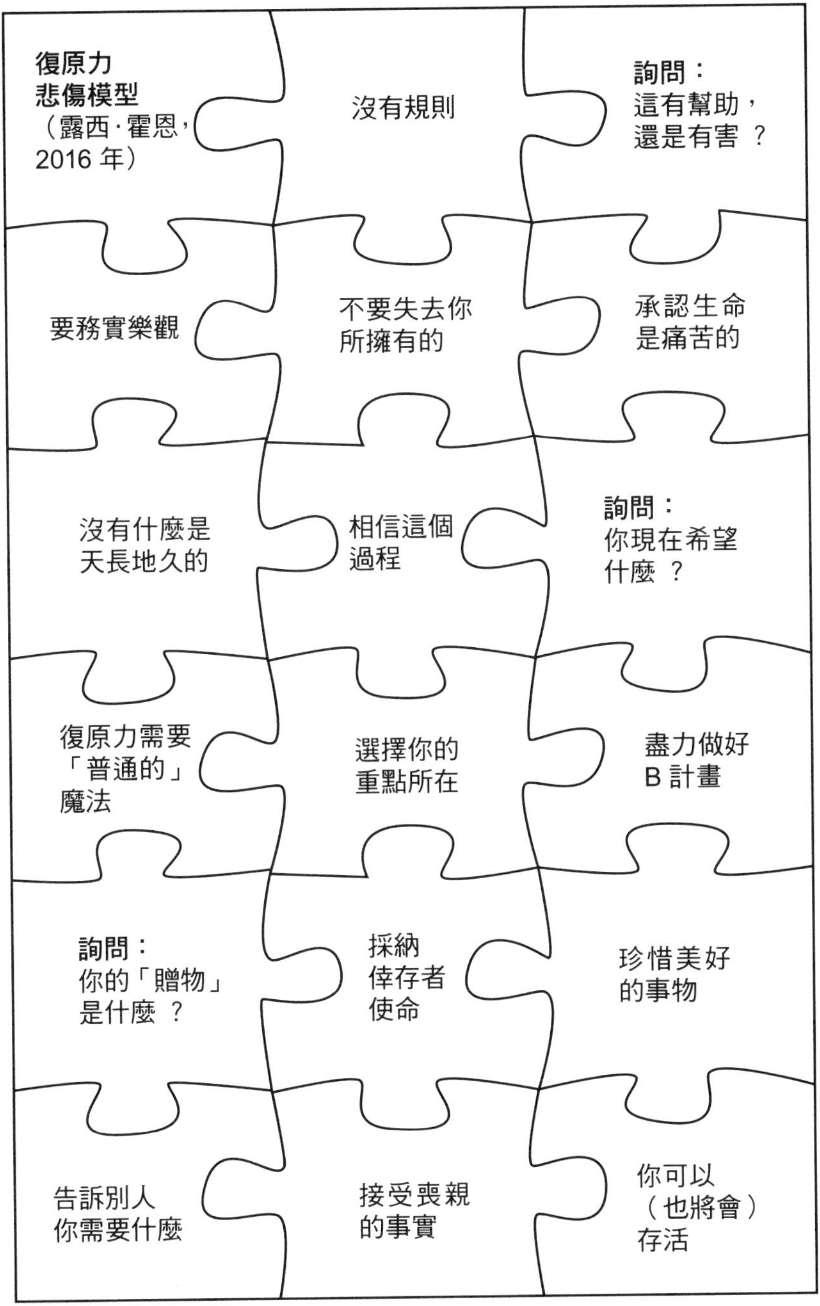
復原力
悲傷模型
（露西·霍恩，
2016 年）
沒有規則
詢問：
這有幫助，
還是有害？
要務實樂觀
不要失去你
所擁有的
承認生命
是痛苦的
沒有什麼是
天長地久的
相信這個
過程
詢問：
你現在希望
什麼？
復原力需要
「普通的」
魔法
選擇你的
重點所在
盡力做好
B 計畫
詢問：
你的「贈物」
是什麼？
採納
倖存者
使命
珍惜美好
的事物
告訴別人
你需要什麼
接受喪親
的事實
你可以
（也將會）
存活

第十八章
儀式和哀悼死者

公眾的哀悼儀式，例如葬禮，是有明確的目的。人們聚集在死者周圍，可以幫助哀悼者加強聯繫，使其在喪親之後重新與人社交。然而，研究喪親之痛的專家越來越體認到，建立個人儀式來哀悼死者，是一種讓人在喪親後能更好面對生活的有效機制。

這裡談論的不是傳統的哀悼儀式，好比穿黑衣、遵守「坐七」、葬禮後守靈（對某些人來說，這些當然非常重要），而是定期的重複行為，讓人可以追憶死者。

美國研究人員邁可・諾頓（Michael Norton）和弗朗西斯卡・吉諾（Francesca Gino）曾經要求七十六名受測者寫下自己經歷過的重大損失（結束一段感情或所愛的人去世），並描述他們如何面對，包括他們從事的任何儀式。[1]（這些研究人員將儀式定義為「在有意義的事件之前、期間或之後進行的一種象徵性活動，以便得到某種期待的結果」。）他們驚訝地發現，在受測者描述的儀式中，只有一〇%是在公開場合進行；五%是集體執行，而另外的五%是屬於宗教性質的。因此，多數的儀式是私人和常規的，而且是個人獨有的。例如，某位喪母的女性會「播放美國靈魂歌后娜妲莉高（Natalie Cole）的歌曲〈我非常想念你〉（I miss you like crazy）。我每次聽到這首歌並想起我媽時，我都會哭泣」。另一位哀悼亡妻的男子寫道：「在這十五年裡，每個月的第一個星期六我都會去理髮店剪頭髮，就像我們以前一起做的那樣。」還有一位寡婦說她會像丈夫以前那樣，每週都去洗車。

我們為了記念死者而舉行的儀式將我們和他們連結在一起，讓我們能夠維持和他們的聯繫。

當我向某位學術界同事描述這類儀式時，他說這樣做會讓人非常悲傷，並擔心這些儀式可能會讓哀悼者更為憂鬱和痛苦，無法幫助他們走出陰霾。我十分驚訝他會有這種反應。對我來說，儀式可展現直接且明顯的價值。我們為了記念死者而舉行的儀式將我們和他們連結在一起，讓我們持續和他們聯繫。特別的是，我們能夠藉此在特定的時間、地點或方式繼續去懷念親人，同時在其餘時間繼續過著「正常的」生活。簡而言之，儀式提供了某種長期的解決方案，使我們雖然悲傷卻能正常運作。從本質上來講，我們可以藉此繼續前進，但不會遺忘死者。從這個意義上說，我可以看到儀式如何促成諾頓和吉諾的研究中所發現的「更能妥善應對」（improved coping）；然而，我重讀他們的研究時的確注意到，他們尚未調查儀式會如何影響經歷臨床醫生所謂的「複雜性悲傷」的人。

諾頓和吉諾後續的實驗證實了儀式可以化解悲傷。在第二項實驗中，這兩位研究人員邀請二百四十七名悲傷者進入實驗室，讓他們寫下自己的故事，詳細描述他們喪親所經歷的情緒和想法。[2]

研究人員隨後將受測者分為兩組：一是「儀式組」，二是「非儀式組」。儀式組的受測者被要求寫下他們喪親後進行的儀式。跟先前的研究一樣，這組有許多人回報了私人且感人的儀式，透過深刻而有力的方式將他們與離世愛人的記憶聯繫起來。等他們寫完以後，研究人員測量了這兩種受測者的悲傷程度。正如所預料的那樣，這兩組人在練習時都很悲傷，但寫下儀式的人則沒有那麼悲傷，與沒有寫下儀式的人相比，他們回報的悲傷程度要低得多。例如，儀式組的人比較不會贊同「我覺得這個人離世後，我感到很空虛」、「我想起這個人就會心煩意亂」和「我對於發生的事情感到震驚或茫然」之類的陳述（根據用於衡量悲傷的標準量表）。這項研究的有趣之處在於，我們發現不僅那些在研究中聲稱自己相信儀式有效的人，連那些不相信儀式有效的人也能感受到儀式的好處。因此，無論你是否喜歡儀式，仍然可以藉此幫助自己化解悲傷。

諾頓和吉諾認為，儀式之所以能夠幫助我們化解悲傷，乃是我們感到完全無能為力時，進行儀式有助於讓我們重新有掌控一切和擁有秩序的感覺。悲傷儀式的神奇之處在於，它們讓你刻意擺出姿態，有助於平息喪親後帶來的動盪和混亂。最重要的是，研究人員還指出，儀式不僅可以減少負面情緒，還可以增加正向情緒。

自從艾比、艾拉和莎莉去世以後，我就發明了各種儀式。其中一些我經常做，有一些則是偶爾才做，但我做這些都是為了懷念她們，以免忘了她們。我最近到野外採集了樹葉，用樹葉製作了一個花環來記念莎莉，並且我經常到她生前喜歡跑步的岬角逛逛，讓我能有合適的空間和時間去懷念她。我今年夏天也會用她的食譜去做蛋白酥，這是她們生前非常喜歡的食物。

某些人會出於本能來發明儀式，但諾頓和吉諾的發現會鼓勵那些不會這樣做但可能願意嘗試一下的人。

將遺體帶回家——學習毛利人的悲傷之道

我們不是毛利人。我第一次接觸毛利人悲傷之道的一個重要原因是在二〇〇〇年我母親去世時，當時我姊姊埃絲特建議我們把母親的遺體帶回家，這樣便能在她最終死亡前去哀悼她。那是我首次看到人的遺體，雖然以下這種想法起初看起來很奇怪，但當我準備好與母親共度時光時，我發現它很有幫助。其實，讓我媽媽待在家裡、和她共度時光、不要感到匆匆忙忙、逐漸習慣看到她死去的整個經歷，這樣做徹底改變了我。

在家裡擺放親人的遺體，或者在親人死後幾天能在殯儀館瞻仰遺體，都能讓我們追憶往事。看到所愛的人死去，似乎讓我們有時間去面對喪親的事實。我認為這樣最終有助於我們更能接受事實，盡量不讓自己去否認事實。

正如第二章所言，我們將艾比的遺體帶回家，並在葬禮前讓她和我們共處五天。這給了我們迫切需要和她一起共度的時間。我還認為這有助於我們了解她已經離世的可怕事實：日復一日地親眼目睹她的遺體，迫使我的心去承認現實，讓我得以反思她的生命，以及細看她身體的每一處輪廓。這樣確實有幫助。

紀念儀式

當儀式對死者和倖存者都很重要時，就是有效且有意義的。下面的儀式只是建議，各位可以根據自己和死者的關係去調整和強化。紐約州心理健康辦公室（New York State Office of Mental Health）曾公布《悲傷諮詢資源指南》（*Grief Counseling Resource Guide*），以下列出該指南的建議。

- 準備所愛的人生前最喜歡的飯菜，然後像他或她一樣去享用。
- 準備一份你最喜歡的甜點，然後和家人或朋友分享。
- 觀看所愛的人生前喜歡的電影。
- 種植鮮花、樹木或會開花的灌木來記念所愛的人。
- 在生日、週年紀念日或節日時向所愛的人乾杯。
- 點燃一支蠟燭，回想曾經給你安慰或當成你指路明燈的他或她。
- 根據他或她生前最喜歡的主題去閱讀書籍或文章。

- 播放所愛的人生前欣賞的音樂，看看你現在是否也喜歡它。
- 參加一場你們雙方都能感到愉快的音樂會／表演。
- 瀏覽相冊，重溫彼此共同的時光和回憶。
- 佩戴所愛的人生前最喜歡的珠寶。
- 在你身上噴他或她喜歡的古龍水或香水。
- 穿他或她買給你的衣服。
- 為自己買一些他或她生前希望你擁有的東西。
- 在你們最喜歡的咖啡館／餐廳享用午餐或晚餐。
- 參觀墓地，記得帶上要留在那裡的氣球或象徵性物品。
- 記錄一些你們最喜歡的故事。
- 前往他或她喜歡或一直想去的地方。
- 回想一下你的生活如何因為他或她而變得更好。
- 看看他或她給你的禮物。
- 在週年紀念日購買鮮花。把花帶到教堂或家庭聚會。當親友離開時，讓他們各帶走一朵花。

- 在週年紀念日給親密的家人送花。
- 閱讀一首所愛的人生前最喜歡的詩句或念一本他們喜愛的書籍。
- 觀看家庭影片並回憶過往。
- 在記念你所愛的人而成立的組織當志工。
- 因所愛的人的死而積極參與社會運動，好比參加步行馬拉松或電話募款去提出訴求。
- 如果你保留著所愛的人送你的賀卡，找個時間再讀一遍。
- 悠閒散步，邊走邊回想你們共享的美好時光。[3]

簡・斯坦利的悲傷儀式

自一九九九年以來，美國領導力顧問簡・斯坦利（Jan Stanley）接連失去了父母、最好的朋友和姊姊，成了原生家庭中唯一還活著的人。簡發現用儀式化解悲傷很有幫助，隨後越來越多的朋友和熟人請求她幫忙設計儀式。她講述了一些自己用來化解悲傷的儀式，以及後來應別人要求所設計的儀式。

1. 寫悼詞

寫悼詞在某種程度上是一種儀式。我們專心寫悼詞時會記住我們所愛的人，也會真正替我們打開療癒的大門。若要將寫悼詞化成一種美麗儀式，可從你所愛之人的熟人那邊收集故事和回憶，然後以此概略編織出所愛之人的生活草圖。我總是會說，好的悼詞是對死者的致敬，也能振奮聽到悼詞的人。好的悼詞會讓我們想成為更好的人。

2. 贈送有意義的私人物品

我大約十年前參加過一次美國原住民儀式，從中發想出這項儀式。一名社區成員因為騎摩托車發生事故而喪生。當時長輩在儀式中跳舞，在大片土地上創造出神聖的空間，然後死者妻子從已故丈夫那裡取出有意義的物品，將它們交給她認為能夠好好守護物品的人，讓物品得以充分利用。在我媽媽和姊姊去世以後，我就使用了這種贈送儀式。我也鼓勵別人這樣做。贈送可以讓死者的本質（他們的理想、愛好和價值觀）繼續存在。

3. 為逝者整理遺體

大約一百年前，這種儀式司空見慣，此後就越來越罕見，但如今人們經常在家中死亡，家庭葬禮變得普遍，於是這種儀式又重新流行起來。我姊姊在二〇一三年於家中去世時，我和她的一個女兒溫柔地清理了她的遺體，好讓她下葬。我們還給她蓋上她女兒們編織的祈禱披肩，還有在古董店買的蕾絲床單。這是與我們所愛的人生前寄居的身軀所採取的告別儀式。

4. 持續一項喜愛的傳統

姊姊去世的那天，我們都決定去參加一年一度的七月四日慶祝活動來記念她，因為她生前最喜歡美國獨立紀念日。同樣地，我在母親節都會買一朵天竺葵，這是我每年都會遵循的傳統。我認識一些女人會繼續用老式的高麗菜切片工具去製作特殊的德式酸菜，以此遵循她們父親的傳統；有一位男人，他的妻子生前喜愛和家人通信，因此他繼承了這項傳統，到了聖誕節時會向所有的家人和朋友寄卡片祝賀；有一位朋友在高爾夫球包包裡裝了一種很難喝的利口酒，在打高爾夫球時會舉杯敬酒，以此繼承他過世老友的這項傳統。

5. 呼喚／緬懷親人以尋求支持

我有一位客戶在姊姊去世以後一直精神不振、經常疲勞。我們用姊姊送她的項鍊為她打造了一種早晚的儀式。她用這條項鍊來召喚力量和勇氣，心想已故的姊姊應該會希望她繼承這些特質。她說這樣做可以讓她感受到姊姊的存在。

◎簡・斯坦利還有更多「美好生活」儀式，各位不妨前往 www.goodliferituals.com 去查詢。

第十九章

沒有什麼是天長地久的

說穿了，喪親之痛只是生活的另一部分，因為萬事萬物都不是永恆的，否認這一點就等於否認自己是人類。

我喜歡英國脫口秀主持人葛雷漢・諾頓（Graham Norton）關於「永恆」的想法。諾頓將這些想法寫在他近期新書《一個男性魔鬼的生活與愛情》（*The Life and Loves of a He Devil*）的結尾處：「到底是誰想出了這個要折磨我們以及讓我們失望的想法？沒有什麼是天長地久的，本來就應該如此。」他接著解釋，無論他有多麼愛貝利（Bailey，他現在養的狗），他都知道人狗能相處的時日是有限的，因為貝利跟其他生物一樣，最終也會死去。

「當然，如果有人問我是否希望貝利永遠活著，我會說是的。然而，我知道牠會離開我，所以更加珍惜我和牠相處的時間，這種愛是苦樂參半的。」[1]

諾頓說：「要享受聚會的歡樂時光，因為我們知道，音樂最後會關掉，燈光會打開。」這個建議很吸引我。其實，這句話的功能不止於此：它指出引領我生活的基本真理，而且我逐漸發現，它也引領我去化解悲傷。諾頓寫道：「生活的一大樂趣，就是知道萬事萬物都會變化。要品味幸福時光，要忍受悲傷，幻想天長地久毫無意義，一切都會結束。」

我們必須承認，我們一生會遭逢許多次親友離世的痛苦。人只要出於理性，都會知道這一點，但我現在認為，掌握這個不言而喻的真理，亦即接受死亡是生命的一部分，其實可以幫助我們活得更好，也更能去化解悲傷。我以此激勵自己，把自己從悲傷的黑洞中拉出來，回到現實生活之中，好好活在當下，感激我所擁有和能做的一切。不是望向明天，而是把握今日。

只要將死亡視為不可避免的，就能重新回到自然的生命週期：我們出生、我們生活、我們可能養家糊口、取得成就和得到愛情，但我們最終都會死去。這就是人生。我們待在這個星球的時間很短，要把握光陰，不枉此生。

第二十章 結語

關於悲傷，我最後還有一件事要說。我也想談談失去艾比後我們學到的功課。

我們知道艾比生前過著美好的生活，這樣或多或少讓我們對她的死不那麼悲傷。她雖然只活了十二年，一生卻充滿快樂，她是被深深愛著的，而且她知道這一點（這點非常關鍵）。小艾比．霍恩知道父母愛她，兩位哥哥愛她，親戚愛她，朋友愛她，學校老師和社區的人也愛她。從這方面來說，她生前的日子讓人著迷。

我們經常聽到喪親者渴望「再多一分鐘」或「再多一次機會」，但再多一分鐘對我來說沒有什麼吸引力。多一分鐘根本沒有用，我渴望的是艾比能夠多活數十年。

在過去幾個月裡，我一直在思考這個問題。我認為我們能夠接受失去艾比的事實，並忍受沒有她的生活，主要原因在於我們不後悔。我們不需要再和艾比多待一分鐘，因為我們沒有什麼可說的了。當她還活著的時候，我們已經當著她的面說過該說的話了。我們透過思想、言語和行為來互動，也使用簡訊、電子郵件和語音訊息、IG、臉書和Snapchat 來溝通。我們曾經一起看電影、讀書、烤蛋糕、撿拾貝殼、游泳、唱歌、歡笑和哭泣。

在艾比生命的最後一天，我們沒有向她告別。我們最後一次看到她還活著時，她跳下車，跑到球場觀看艾拉隊的比賽。然而，這也沒關係，我們先前已經說過很多次再見了（我愛妳，好好睡喔）。那一次的缺席對於一生來說無關痛癢。

艾比知道她被人愛著，而且我們為她做了很多事情，所以我們沒有什麼可後悔的。說到底，這就是生和死的本質：當你關愛的人還活著的時候，把一切都做好，把話都說盡。這就是我想告訴活著的人的話。因此，即使現在向你死去的親人講這些都已經太晚，但總有人需要聽到你的這些話。說出來，做出來，不要留遺憾。

我們知道自己永遠無法從喪女的悲傷中走出來，但我會在她缺席的情況下繼續成長，我們正在學習承受這種痛苦。艾比的一生很短暫，但我們很幸運曾經有她陪伴。

親愛的艾比，我們會永遠把妳放在心裡。

我們會永遠愛妳。

天長地久，永遠不變。

他會在暴風雨中沉睡

在艾比的葬禮上，我們的好友兼牧師吉米・烏爾里希（Jimmy Ullrich）跟我們提到下面的寓言。他說這其實是真實的故事，出自於米奇・艾爾邦（Mitch Albom）最新的著作《一點小信仰》（*Have a Little Faith*）（我很喜歡的《最後14堂星期二的課》也是他的作品）。艾爾邦的拉比（Rabbi，猶太人的宗教領袖）最早是在一九七五年的某次講道中說了這則故事。

一名男子前往某處農場找工作。他將推薦信交給了雇主。信上只有簡短寫道：「他會在暴風雨中沉睡。」

農場主人迫切需要幫手，便僱用了這個人。

幾個星期過去了，某天半夜，一場強大的暴風雨突然席捲了山谷。外頭狂風暴雨，主人從睡夢中驚醒，立即從床上跳了起來。他呼喚新僱的工人，但那人睡得很熟，怎麼也叫不醒。

主人於是衝向穀倉。讓他驚訝的是，他發現牲畜都很安全，飼料也很充足。

他跑到田野上，看到一捆捆的小麥已經用防水油布包裹起來。他跑到地窖，發現門已鎖上，穀物也已曬乾。

然後，他明白了，為何這個人「會在暴風雨中沉睡。」

我的朋友，如果我們專注於生活中的重要事情，如果我們與我們所愛的人維繫良好的關係，並且按照我們的信仰行事，我們就不會因為沒有完成什麼而痛苦。我們說話永遠真誠，我們永遠緊緊擁抱。我們永遠不會陷入「我本來可以或我應該可以」的痛苦之中。我們可以在暴風雨中沉睡。

當時間到了，我們就能好好彼此告別。

米奇・艾爾邦，《一點小信仰》，倫敦：阿歇特數位公司（Hachette Digital），二〇〇九年，第九三頁。

資料來源

Chapter 1

1. 'This quote has most frequently been attributed to Ralph Waldo Emerson,but is more likely to be taken from a 1905 essay by Bessie A. Stanley.
2. A. Masten, 'Ordinary magic', American Pychologist, 2001, 56(3), p. 227.
3. V. Frankl, Man's Search for Meaning, New York, NY: Simon & Schuster, 1959,p. 23.
4. Skylight, When lou're Grieving: Some helpful info and ideas to help you on the journey, Wellington, NZ: Skylight Trust, 2009.
5. E. Kubler-Ross, On Death and Dying, New York, NY: Routledge, 1973.
6. Frankl,p. 66.
7. While I was introduced to this poem as 'She Is Gone', its official title is 'Remember Me'. It was used by Queen Elizabeth II at the funeral for the Queen Mother and credited 'anonymous'. For the full and fascinating story on its provenance and how the true author was discovered, sce www.poeticexpressions.co.uk/poems/you%o20can%20shed%20tears%20that%20 she%20is%20gone.htm

Chapter 2

1. M. Csikszentmihalyi, Flou: The psychology of optimal experience, New York, NY:Harper Collins, 1990, p. 29.
2. Csikszentmihalyi, p. 30.

3. S. Fox, Greating a Nere . Normal . . Afler the death of a child, Bloomington, NY: iUniverse Inc., 2010, p. 41.
4. Cisikszentmihalyi, p. 33.
5. K. Reivich, personal communication, 7 July 2014.
6. K. Mossman, personal communication, 10 July 2014.
7. P. Chodron, When Things Fall Apart: Heart advice for difficult times, Boston, MA: Shambhala Publications, 2005, pp. 10, 15.
8. Chodron,p. 13.
9. W.Worden, Grief Counseling and Grief Therapy: A handbook for the menlal health practitioner, 4th edn, New York, NY: Springer Publishing, 2009, p. 44.
10. B. Noel and P. Blair, I Wasn't Ready to Say Goodbye: Surviving, coping and healing after the sudden death of a loved one, Naperville, IL: Sourcebooks, 2008.

Chapter 3

1. R. Newman, Resilience and psychology: A healthy relationship', 2003, www.apa.org/monitor/julaug03/pp.aspx (accessed 14 January 2016).
2. S. Southwick, The Science of Resilience', www.huflingtonpost.com/steven-m-southwick/trauma-resilience b_1881666.html (accessed 26 February 2016).
3. D. Charney, 'Resilience: The science of mastering life's greatest challenges', online lecture for the Brain & Behavior Research Foundation, recorded on 9 July 2013 (accessed 25 October 2015), see www.youtube.com/watch?v=AEWnTjgGVcw

4. K. Reivich, personal communication, 7 July 2014.
5. T. Atig, 'Interview with Tom Attig', www.griefsheart.com/tominterview.php (accessed 14 January 2016).
6. G.A. Bonanno, The Other Side of Sadness: What the nere science of bereavement tells us about life afier loss, New York, NY: Basic Books, 2009, p. 76.
7. Bonanno, The Other Side of Sadness, p. 20.
8. G.A. Bonanno, 'Loss, trauma, and human resilience: Have we underestimated the human capacity to thrive after extremely aversive events?',American Psychologist, 2004, 59(1), p. 21.
9. Bonanno, 'Loss, trauma, and human resilience', p. 21.
10. G.A. Bonanno and S. Kaltman, 'The varieties of grief experience', Clinical Psychology Revier, 2001, 21, pp. 705-34.
11. Bonanno, Loss, trauma, and human resilience', p. 23.
12. A.D. Mancini, G.A. Bonanno and A.E. Clark, 'Stepping off the hedonic treadmill: Latent class analyses of individual differences in response to major life events', Journal of Individual Differences, 2011, 32(3), pp. 144-52.
13. D. Charney, 'The Resilience Prescription', www.mountsinai.org/static_files/MSMC/Files/Patient%20Care/Occupational%20Health/Resilience PrescriptionPromotion-0821 12.pdf (accessed 5 December 2015).

Chapter 4

1. T. Attig, Hou We Greve: Relearning the reorld, rev. edn, New York, NY: Oxford University Press, 201 1, p. xxxv.

Chapter 5

1. G.A. Bonanno, The Other Side of Sadness: What the nere science of bereavement tells us about life after loss, New York, NY: Basic Books, 2009, p. 7.
2. S. Fox, Greating a Nere Normal After the death of a child, Bloomington, NY: iUniverse Inc., 2010, p. 37.
3. W. Martin, Primates of Park Avenue: A memoir, New York, NY: Simon & Schuster, 2015, p. 198.
4. M. Gurven and H. Kaplan, 'Longevity among hunter-gatherers: A crosscultural examination', Population and Development Revieu, 2007, 33(2), pp. 321-65.
5. Martin, p. 205.
6. Martin, p. 205.
7. Bonanno, p. 47.
8. T. Atig, Hou We Grieve: Relearning the ceorld, rev. edn, New York, NY: Oxford University Press, 2011, p. xxvii.
9. Attig, p. xxx.
10. Attig, p. xxxi.

Chapter 6

1. E. Kubler-Ross and D. Kessler, On Grief & Grieving: Finding the meaning of grief through the five stages of loss, New York, NY: Scribner, 2014, p. 76.
2. W. Martin, Primates of Park Avenue: A Memoir, New York, NY: Simon & Schuster, 2015, p. 219.
3. The Dalai Lama, H.H., 'Foreword', in The Tibetan Book of the Dead, New York, NY: Bantam, 1994, p. xvii.

4. G.A. Bonanno, C. Wortman, D. Lehman et al., 'Resilience to loss and chronic grief: A prospective study from preloss to 18 months postloss', Journal of Personaliy and Social Psycholog), 2002, 83(5), pp. 1150-64.
5. G.A. Bonanno, The Other Side of Sadness: What the neze science of bereavement tells us about life after loss, New York, NY: Basic Books, 2009, p. 128.

Chapter 7

1. A.D. Ong, C.S. Bergeman and S.M. Boker, 'Resilience comes of age: Defining features in later adulthood', Journal of Personality, 2009, 77(6), pp. 1777-804.
2. R.S. Lazarus, A.D. Kanner and S. Folkman, A cognitive-phenomenological analysis', in R. Plutchik and H. Kellerman (eds), Theories of Emotion, New York, NY: Academic Press, 1980, pp. 189-217.
3. B.L. Fredrickson, K.A. Coffey and J. Pek et al., 'Open hearts build lives: Positive emotions, induced through loving-kindness meditation, build consequential personal resources', Journal of Personality and Social Psychology, 2008,95(5), pp. 1045-62.
4. S. Lyubomirsky, L. King and E. Diener, 'The benefits of frequent positive affect: Does happiness lead to success?' Psychological Bulletin, 2005, 131(6), pp.803-55.
5. B.L. Fredrickson, Positivity: Groundbreaking research reveals hoze to embrace the hidden strength of positive emotions, overcome negativits and thrive, New York, NY: Crown Publishers, 2009, pp. 99, 101.
6. B.L. Fredrickson, M.M. Tugade, C.E. Waugh and G.R. Larkin, 'What good are positive emotions in crises?: A prospective study of resilience and emotions following the terrorist attacks on the

United States on September 11, 2001',Journal of Personality and Social Psycholog), 2003, 84 (2), pp. 365-76.
7. Fredrickson, Positivity, p. 102.
8. G.A. Bonanno, S. Galea, A. Bucciarelli and D. Vlahov, 'Psychological resilience after disaster: New York City in the aftermath of the September 1 I th terrorist attack', Pychological Science, 2006, 17(3), pp. 181-6.
9. A.D. Ong, C.S. Bergeman, T.L. Bisconti and K.A. Wallace, 'Psychological resilience, positive emotions, and successful adaptation to stress in later life', Journal of Personality and Social Pycholog), 2006, 91(4), pp. 730-49.
10. Ong, Bergeman and Boker, 'Resilience comes of age', pp. 1777-804.
11. K. Britton, 'Grief is part of life', blog written for Positive Psychology . Neres Daily, 26 May 2011, http://positivepsychologynews.com/news/kathrynbritton /201 105261 7816 (accessed 20 October 2015).
12. T. Ben-Shahar, Five ways to become happier today', recorded 23 September 2009, http://bigthink.com/videos/five-ways-to-become-happier-today (accessed 23 February 2016).
13. E. O'Brien, personal communication, 10 November 2015.
14. G.A. Bonanno, The Other Side of Sadness: What the nee science of bereavement tells us about life after loss, New York, NY: Basic Books, 2009, p. 30.
15. C. Wortman, 'Positive emotions: Do they have a role in the grieving process?' blog written for This Emotional Life, www.pbs.org/thisemotion-allife/blogs/positive-emotions-do-they-have-role-grieving-process (accessed 4 November 2015).
16. See www.griefsheart.com.

17. D. Charney, Resilience: The science of mastering life's greatest challenges', online lecture for the Brain & Behavior Research Foundation, 9 July 2013, www.youtube.com/watchPv=AEWnTjgGVcw (accessed 26 February 2016).
18. D. Keltner and G.A. Bonanno, 'A study of laughter and dissociation: Distinct correlates of laughter and smiling during bereavement', Journal of Personality and Social Pychology, 1997, 73(4), pp. 687-702.
19. F Bryant, 'Savoring Beliefs Inventory (SBI): A scale for measuring beliefs about savoring', Journal of Mental Health, 2003, 12(2), pp. 175-96.

Chapter 8

1. M. Stroebe and H. Schut, 'The dual process model of coping with bereave-ment: Rationale and description', Death Studies, 1999, 23(3), pp. 197-224.
2. Stroebe and Schut, p. 216.
3. C. Rushton, personal communication, I December 2015.
4. Stroebe and Schut, p. 216.
5. C. Wortman, personal communication, 19 January 2016.
6. C. Wortman, 'Positive emotions: Do they have a role in the grieving process? blog written for This Emotional Life, www.pbs.org/thisemotionallife/blogs/positive-emotions-do-they-have-role-grieving-process (accessed 4 November 2015).
7. Stroebe and Schut.
8. www.bbc.co.uk/radio4/features/desert-island-discs/find-a-castaway

Chapter 9

1. K. Reivich and A. Shatte, The Resilience Factor: 7 keys to finding your inner strength and overcoming life's hurdles, New York, NY: Broadway Books, 2002,p.43
2. S. Ahmad, A. Feder and E.J. Lee, 'Earthquake impact in a remote South Asian population: Psychosocial factors and posttraumatic symptoms', Journal of Traumatic Stress, 2010, 23(3), pp. 408-12.
3. www.lwildandpreciouslife.com/2015/03/ the-universal-law-of-impermanence/
4. Reivich and Shatte, p. 43.
5. C.S. Lewis, A Gref Observed, London: Faber & Faber, 1961, p. 9.
6. J.S. Cheavens, D.B. Feldman and A. Gum, 'Hope therapy in a community sample: A pilot investigation', Social Indicators Research, 2006, 77(1),pp. 61-78.
7. J. Kabat-Zinn, 'Mindfulness-based interventions in context: Past, present, and future', Clinical Pychology: Science and practice, 2003, 10(2): pp. 144-56.
8. Kabat-Zinn.
9. J. Cacciatore and M. Flint, ATTEND: Toward a mindfulness-based bereavement care model', Death Studies, 2012, 36(1): pp. 61-82.

Chapter 10

1. For a review of resilience research among children and youth, see A. Masten, 'Global perspectives on resilience in children and youth', Cluild Development, 2014, 85(1), pp. 6-20.
2. D. Charney, 'Resilience: The science of mastering life's greatest challenges', online lecture for the Brain & Behavior Research Foundation, recorded 9July 2013, www.youtube.

com/watch?v=AEWnTjgGVew (accessed 25 October 2015).

3. National Scientific Council on the Developing Child, 'Supportive relation-ships and active-skill-building strengths: The foundations of resilience',Working Paper 13, 2015.
4. Charney.
5. T.L. Bisconti, C.S. Bergeman and S.M. Boker, 'Social support as a predictor of variability: An examination of the adjustment trajectories of recent widows', Psychology and Aging, 2006, 21, pp. 590-9.
6. A. Schweitzer, The Light Within Us, New York, NY: Philosophical Library, 1959.
7. S. Fox, Creating a Nere Normal After the death of a child, Bloomington, NY: iUniverse Inc.. 2010.
8. S. Sandberg, Facebook post, 4 June 2015.
9. J. Gross, 'Farewell to my daughter Kate, who died on Christmas day', January 2015, www.theguardian.com/lifeandstyle/2015/jan/10/farewell-to-my-daughter-kate-who-died-on-christmas-day (accessed 26 February 2016).
10. Interview with T. Attig from his website, www.griefsheart.com/tominter-view.php (accessed 26 February 2016).
11. E. Kubler-Ross and D. Kessler, On Grief & Grieving: Finding the meaning of grief through the five stages of loss, New York, NY: Scribner, 2014, p. 66.
12. W.J.Worden, Grief Counseling and Grief Therapy: A handbook for the mental health professional, 3rd edn, New York, NY: Springer Publications, 2002.
13. R. Moran, Just Say You Are Sorry', 1999, originally published in The Compassionate Friend newsletter, Fort Lauderdale, FL.

14. T. Lawrence, Everything Doesn't Happen For a Reason, blog post, 20 October 2015, see www.timjlawrence.com/blog/2015/10/19/everything-doesnt-happen-for-a-reason (accessed 23 February 2016).

Chapter 11

1. For a comprehensive list and access to these studies, see www.viacharacter. org/www/Research/Character-Research-Findings
2. N. Park, C. Peterson and M.E. Seligman, 'Strengths of character and well-being, Journal of Social and Clinical Psychology, 2004, 23(5), pp. 603-19.
3. T.N. Alim, A. Feder, R.E. Graves et al., 'Trauma, resilience, and recovery in a high-risk African-American population', American Journal of Pychiatry, 2008, 165(12), pp. 1566-75.
4. E. O'Brien, personal communication, 10 November 2015.
5. T. Rashid and A. Anjum, '340 Ways to Use VIA Character Strengths', University of Pennsylvania, 2005, http://tayyabrashid.com /pdf/via_strengths.pdf (accessed 26 February 2016).
6. D. Charney, Resilience: The science of mastering life's greatest challenges', online lecture for the Brain & Behavior Research Foundation, 9 July 2013, www.youtube.com/watchPv=AEWnTjgGVcw (accessed 25 October 2015).

Chapter 12

1. T. Ben-Shahar, Choose the Life lou Want: The mindful ieay to happiness, reprint edn, New York, NY: The Experiment, 2014; Happier: Learn the secrets to daily joy and lasting fulfIment, New York, NY: McGraw-Hill Professional, 2007; The Pursuit of Perfect: Hore to stop chasing

perfection and start living a riches, happier life, New York, NY: McGraw-Hill, 2009.

2. For a short summary of the lifestyle habits that contribute to depression and a prescription for avoidance, watch S. Ilardi's TED talk, www.youtube.com/watch?v=drv3BPOFdi8 (accessed 26 February 2016).
3. T. Ben-Shahar, 'Five Ways to Become Happier Today', recorded 23 September 2009, http://bigthink.com/videos/five-ways-to-become-happier-today (accessed 23 February 2016).
4. S. Hlardi, The Depression Gure, London: Vermillion, 2010, p. vii.
5. JJ. Ratey, Spark: The revolutionary nece science of exercise and the brain, New York, NY: Little, Brown & Company, 2008.
6. llardi, p. 16.
7. Ilardi, p. 131.
8. J. Prochaska, C. Redding and K. Evers, 'The transtheoretical model and stages of change', in K. Glanz, F. Lewis and B. Rimer (eds), Health Behavior and Health Education, San Francisco, CA: Jossey-Bass, 1997, pp. 60-84.
9. J. Prochaska, J. Norcross and C. Diclemente, Applying the stages of change', Psychotherapy in Australia 2013, (19)2, p. 4.
10. E. O'Brien, personal communication, 10 November 2015.

Chapter 13

1. R. Neimeyer, The Lessons of Loss: A guide to coping, New York, NY: McGraw-Hill, 1998.
2. G.A. Bonanno, The Other Side of Sadness: What the nexe science of bereavement tells us about life after loss, New York, NY: Basic Books, 2009, p. 8.

3. T. Atig, Hou We Grieve: Relearning the reorld, rev. edn, New York, NY: Oxford University Press, 2011, p. xl.
4. C.G. Davis, S. Nolen-Hoeksema and.J. Larson, 'Making sense of loss and benefiting from the experience: Two construals of meaning', Journal of Personality and Social Pychology, 72(2), pp. 561-74.
5. A. Assad, personal communication, 30 October 2015.

Chapter 14

1. Adapted from S. Sandberg's Facebook post, 4 June 2015, www.facebook. com/sheryl/posts/10155617891025177:0 (accessed 12 October 2015).
2. M. Warrington, personal communication, 19 November 2015.
3. J. Kasper, 'Co-destiny: A conceptual goal for parental bereavement and the call for a "positive turn' in the scientific study of the parental bereavement process', Capstone thesis, University of Pennsylvania, 1 August 2013.
4. R.N. Remen MD, blog post, 'Walking the Path', 19 August 2015, www.rachelremen.com/walking-the-path/ (accessed 13 October 2015).

Chapter 15

1. G.A. Bonanno, The Other Side of Sadness: What the new science of bereavement tells us about ife after loss, New York, NY: Basic Books, 2009, p. 72.
2. T. Attig, Hor We Grieve: Relearning the reorld, rev. edn, New York, NY: Oxford University Press, 2011, p. 189.

3. For a comprehensive review of this literature, see B.L. Root and JJ. Exline, 'The role of continuing bonds in coping with grief: Overview and future directions', Death Studies, 2014, 38, pp. 1-8.
4. WJ. Worden, Grief Counseling and Gref Therapy: A handbook for the mental health professional, 3rd edn, New York, NY: Springer Publications, 2002, p. 50. 5D. Quinlan, personal communication, 20 October 2015.
6. Bonanno,p. 73.
7. E. Kubler-Ross and D. Kessler, On Grief & Grieving: Finding the meaning of grief through the five stages of lass, New York, NY: Scribner, 2014, p. 61.

Chapter 16

1. M.E. Seligman, 'Building resilience', Harvard Business Review, 89(4), 2011, pp. 100-6.
2. M.E. Seligman, Flourish: A visionary new understanding of happiness and weell-being, New York, NY: Free Press, 201 1, pp. xii, 349.
3. J. Kasper, 'Co-destiny: A conceptual goal for parental bereavement and the call for a "positive turn" in the scientific study of the parental bereavement process', Capstone thesis, University of Pennsylvania, 1 August 2013.
4. R.G. Tedeschi and L.G. Calhoun, Posttraumatic growth: Conceptual foundations and empirical evidence', Psychological Inquiry, 2004, 15(1),pp. 1-18
5. R.G. Tedeschi and L.G. Calhoun, A clinical approach to posttraumatic growth', in A. Linley and K.S. Joseph (eds), Positive Psychology in Practice, Hoboken, NJ: John Wiley & Sons, 2004.

Chapter 18

1. M.I. Norton and F. Gino, 'Rituals alleviate grieving for loved ones, lovers, and lotteries', Journal of Experimental Pychology: General, 2014, 143(1),pp. 266-72.
2. Norton and Gino, p. 267.
3. S. Wheeler-Roy and B.A. Amyot, Grief Counseling Resource Guide: A field manual, New York, NY: New York State Office of Mental Health, 2004.

Chapter 19

1. G. Norton, The Life and Loves of a He Deoil: A memoir, London: Hodder & Stoughton, 2014, p. 287.

HEART
心|視野　心視野系列 127

悲傷復原力

Resilient Grieving : How to Find Your Way Through a Devastating Loss

作者	露西・霍恩博士（Lucy Hone PhD）
譯者	吳煒聲
封面設計	鄭婷之
內文排版	許貴華
行銷企劃	蔡雨庭・黃安汝
出版一部總編輯	紀欣怡

出版者	采實文化事業股份有限公司
業務發行	張世明・林踏欣・林坤蓉・王貞玉
國際版權	施維真・王盈潔
印務採購	曾玉霞
會計行政	李韶婉・許俽瑀・張婕莛
法律顧問	第一國際法律事務所　余淑杏律師
電子信箱	acme@acmebook.com.tw
采實官網	www.acmebook.com.tw
采實臉書	www.facebook.com/acmebook01

ISBN	978-626-349-425-1
定價	380元
初版一刷	2023年10月
劃撥帳號	50148859
劃撥戶名	采實文化事業股份有限公司

104台北市中山區南京東路二段95號9樓
電話：(02)2511-9798　　傳真：(02)2571-3298

國家圖書館出版品預行編目資料

悲傷復原力 / 露西 . 霍恩 (Lucy Hone) 著 ; 吳煒聲譯 . -- 初版 . -- 臺北市 : 采實文化事業股份有限公司 , 2023.10
344 面 ; 14.8×21 公分 . -- (心視野系列 ; 127)
譯自 : Resilient grieving : how to find your way through a devastating loss
ISBN 978-626-349-425-1(平裝)
1.CST: 悲傷 2.CST: 心理治療 3.CST: 心理輔導
178.8　112013548